青少年爱国主义教育读本

高红光 褚银◎主编

共和国将军张云逸

梁逵◎编著

浙江大学出版社
ZHEJIANG UNIVERSITY PRESS

图书在版编目(CIP)数据

张云逸/梁逵编著. —杭州：浙江大学出版社，2011.10
(共和国将军/高红光，褚银主编)
ISBN 978-7-308-08906-7

Ⅰ.①张… Ⅱ.①梁… Ⅲ.①张云逸(1892～1974)—传记 Ⅳ.①K825.2

中国版本图书馆 CIP 数据核字 (2011) 第 148947 号

共和国将军：张云逸
梁 逵 编著

丛书策划	徐有智
丛书主持	宋旭华 黄宝忠
责任编辑	胡 畔
封面设计	安宁书装
出版发行	浙江大学出版社 (杭州市天目山路 148 号 邮政编码 310007) (网址：http://www.zjupress.com)
排 版	杭州大漠照排印刷有限公司
印 刷	杭州丰源印刷有限公司
开 本	710mm×1000mm 1/16
印 张	12
字 数	190 千
版 印 次	2011 年 10 月第 1 版 2011 年 10 月第 1 次印刷
书 号	ISBN 978-7-308-08906-7
定 价	25.00 元

总 序

翻开中华民族的历史，上下五千年，历史每前进一步，总有那些杰出的军事将才在起着重要的作用。中国共产党缔造和领导的人民军队在开辟中华民族历史新纪元的伟大进程中，背负着国家和民族的希望，为实现党的奋斗目标和维护人民的根本利益，建立了不朽的功勋。伟大的事业造就伟大的人物。中国人民解放军的光辉历史，记载着数以百万计的先烈英名，也在千百次奋斗牺牲中锻造出璀璨夺目的一代将星。他们为人民军队的创建和发展，为中华民族的独立和解放，为新中国的繁荣和富强，作出了彪炳史册的贡献。他们所经历的艰苦卓绝而又波澜壮阔的斗争，构成了中国共产党、中华人民共和国和中国人民解放军光辉历史的重要篇章。他们所创造的伟大业绩和不朽功勋，谱写了中华民族争取独立解放和繁荣振兴的壮丽凯歌。他们所展示的理想情操和胸怀气度，是中国共产党人政治品格和精神风貌的生动体现。

中国人民解放军十位大将是在中国共产党领导培育下成长起来的一代中华英杰，是在中国革命战争这座大熔炉里锻造出来的一代军中名将。战争年代，他们出生入死，赴汤蹈火，为国家独立，民族解放，为人民共和国的诞生建立了不朽的功勋；新中国成立后，他们栉风沐雨，旰食宵衣，为军队强大、国家安全、人民幸福作出了卓越贡献。他们的光辉业绩和奋斗历程，是一部跌宕起伏的中国人民解放军军事史，是一部威武雄壮的中华人民共和国开国史。他们在长期的战争实践中积累的极其丰富的治军和作战经验，为毛泽东军事思想的形成和发展作出了重要贡献。

作为中华民族优秀儿女的精英和楷模，作为20世纪中国千百年革命先驱的杰出代表，他们所闪现的伟大精神和高贵品质，永远影响、照耀和激励着后人。

长期的和平环境和优裕的生活条件，使得我们不少人的国防观念淡薄了，有些人甚至鄙薄军人这一职业。历史和现实一再向我们发出警告：天下虽安，忘战必危。浙江大学出版社做了一件很有意义的事：邀请高红光、褚银担纲主编，组织军事科学院的军战史专家撰写了一套十大将丛书。他们坚持党的解放思想，实事求是，与时俱进的思想路线，注重思想性、科学性和可读性相统一，立足于青少年爱国主义教育，定位于我党建国与建军史的普及型读物，试图通过宣扬十大将身上所展现出来的高尚品格、优良作风、革命精神和民族气节，激励我们民族特别是青少年一代的爱国主义精神和革命英雄主义精神，让历史告诉人们，以鲜血和生命捍卫人类和平和祖国尊严的职业永远是最崇高的职业，十大将身上所展现的伟大的民族精神，是中国共产党领导的革命、建设和改革事业得以冲破种种艰难险阻，不断取得胜利的原因所在，也是中华民族历经磨难而不衰，始终保持强大的生命力、创造力和凝聚力的原因所在。

中华文明具有高度的传承性和延续性。作为一个智慧的民族，总是善于从其优秀分子身上汲取力量、获得启示。愿广大读者，特别是青少年从这套书中追寻十大将的奋斗足迹，领略他们的丰功伟绩，探求他们在事业上成功的奥秘和人生真谛，继承和发扬他们坚定的政治信念、崇高的思想境界、优秀的人格品质、执著的爱国主义精神、勇于牺牲奉献的英雄气概，高举中国特色社会主义伟大旗帜，在夺取全面建设小康社会新胜利、开创中国特色社会主义事业新局面、实现中华民族伟大复兴的征程中，继续创造出无愧于前辈、无愧于时代、无愧于人民的英雄业绩。

迟浩田

2011年6月

丛书前言

这套丛书从酝酿到出版一晃已是三年时间了,可谓好事多磨。策划并主编这套丛书,首先要感谢浙江大学出版社总编辑徐有智教授。有智是多年的老朋友,他出任总编辑后来京时的一次小聚,就有了这套丛书的构想。

众所周知,共和国十大将是在中国共产党领导培育下成长起来的一代中华英杰,是在中国革命战争这座大熔炉里锻造出来的一代军中名将,是在中国人民解放军这一英雄集体中涌现出来的先进楷模。他们政治信仰坚定,执著追求真理,为民族大义和人民利益,为人民共和国的诞生建立了不朽的功勋;他们顺应时代潮流,肩负历史使命,出生入死,身经百战,在血与火、生与死的考验中百炼成钢,走向辉煌;他们运筹帷幄,决胜千里,统帅雄师劲旅,在中国革命战争的历史舞台上演出了一幕幕惊天地、泣鬼神的历史活剧。他们是时代巨子,他们是历史的馈赠,他们是人民军队的铁血军魂,他们是人民共和国的一代元戎。

共和国十大将已经离我们远去,但他们的精神永存。十大将呈现给我们的是伟大的灵魂,不朽的丰碑,人生的标杆,壮美的凯歌,值得我们敬仰和回味。我们组织这套丛书就是立足于青少年爱国主义教育,定位于我党建国史与建军史的普及型读物。我们遵循实事求是的原则,重调查研究,以翔实、准确的史料为依据,把握经过实践检验的正确结论,不追求大将整个一生的全景扫描,而是选择关键性的战役与典型的事件来烘托大将们的功勋;不进行沉滞的理论论述,而以通俗的情节叙述为主,以情感人;不对人物的功过进行学术探讨,避开一些敏感的历史事件,恪守中央相关文件精神,确保科学与正确的理论导向,起到青少年受教育以及励志的效果,激励一代又一代的中华儿女在和平年代更好地创建中国特色社会主义伟大事业,这是历史赋予的神圣职责,更是面对未来的庄严承诺。

通过《共和国将军》丛书,我们可以深切地感受到一种震撼心灵的精神力量,这就是:解放思想,实事求是,不断推动马克思主义中国化的思想品格;百折不饶,不懈追求,对共产主义理想“虽九死而犹未悔”的坚定信念;鞠躬尽瘁,死而后已,对党和人民无限忠诚的高贵品质;不怕牺牲,一往无前,敢于压倒一切困难、压倒一切敌人的英雄气概;顾全大局,维护团结,个人利益服从革命利益的宽广胸怀;克己奉公,清正廉洁,永葆普通一兵本色的高风亮节。这种精神力量,已经深深熔铸在党领导人民继往开来的新的实践中,成为建设中国特色社会主义的强大精神支柱,并将代代相传、永放光芒。

丛书的编纂出版,得到原中共中央政治局委员、中央军委副主席、国务委员、国防部长迟浩田上将的关怀,他为丛书写了序言,给丛书的出版增添了绚丽的光彩。总政治部宣传部新闻出版局姚计军副局长、军事科学院宣传部包国俊副部长对这套丛书给予了充分肯定和大力支持,再次深表谢意。浙江大学历史系杨树标教授、“当代中国”丛书《中国人民解放军卷》编辑部副主任都国平研究员、军事科学院战争理论和战略研究部单秀法研究员在百忙中审读了书稿,使这套丛书更为完善,还要提及的是浙江大学出版社的黄宝忠副总编辑和各册书的责编们,为了此书的出版付出了辛勤的汗水,在此一并致谢。

高红光　褚银

2011 年 7 月于北京

目 录

第一章　赤子寻觅报国门

★放牛娃的成长

★心向往之的同盟会竟在自己身边

★险成黄花岗烈士

★一个炸弹队长的侠骨柔肠

★揭阳县的“青天”

张云逸和同学们随周远明举起右手，宣誓道：“当天发誓，同心协力，驱除鞑虏，恢复中华，创立民国，平均地权，矢信矢忠，有始有卒，如或渝此，任众处罚！”当晚，张云逸激动得一夜没有合眼，他渴望战斗，渴望血与火的洗礼。

张云逸大将

放牛娃的成长

1892年8月10日，张云逸出生于海南岛东北文昌县上僚村。这个小村庄距文昌只有约5千米，是一个山清水秀、富饶美丽的地方。按照张氏家谱，云逸属于“运”字辈，幼时取名运镒，乳名益友。稍长大一点，他又用过张胜之的名字。参加革命后，他根据广东话“运镒”二字的谐音，改名张云逸。

张云逸同志故居

张家是一个贫苦农民的家庭，祖祖辈辈给地主打长工。张云逸的父亲张璟琚是一个诚实正直的农民，会干各种农活。在农忙季节，他除了种好自己的庄稼以外，常常主动无偿地帮助村里的农民兄弟犁田、插秧及干别的农活。由于他熟练的劳动技术和待人厚道、乐于助人的好品德，使他赢得了上僚村农民的尊敬和爱戴。张云逸的母亲邢氏勤劳俭朴，心地善良。她除了同男人一样参加各种农田劳动之外，在家里还要承担做饭、织布、缝补衣服等家务劳动，张璟琚和邢氏勤劳、朴实和关心他人的美德对幼年的张云逸产生了很大的影响。

张璟琚和邢氏共有6个孩子。全家只有一亩多水田和一点坡地。为了维持一家8口人的生活，他们除了耕种自己的田地外，还租种别人的一些田地。由于人口多，土地少，劳动力不足和地主阶级的残酷压迫剥削，全家生活十分艰难,常常只能以红薯、芋头和可以照见人影的稀饭充饥。

张璟琚和邢氏饱尝了旧社会的辛酸,为了让自己的儿子摆脱做牛做马的命运,他们日夜操劳,省吃俭用,想方设法要供儿子读一点书。张云逸7岁时进了本村长发小学学习。

张云逸是家中的长子,苦难的家史,贫困的生活,父母亲的终年劳累,使他很早就懂得为大人分忧,他很小就开始跟随大人参加家务劳动和生产。进小学后,他一面读书,一面利用课余时间参加劳动。在学校里,他学习刻苦,深受老师和同学们的赞赏。家里穷,买不起笔墨纸砚,他就捡来树枝作笔,在地面上练习写字;遇上不懂的问题,他总是要寻根问底,把它弄得清清楚楚。功夫不负有心人,辛勤的汗水换来优秀的学习成绩,每个学期考试后学校放榜,他的成绩总是名列前茅。回到家里,放下书包,他就忙个不停,不是挑水煮饭、喂猪,就是去放牛、挑谷子等。

一天中午,天气晴朗,阳光和煦,和往常一样,云逸又放牛去了。他把牛放在村边吃草,自己则坐在树下看书。由于全神贯注,很快他就把一切都忘记了,而牛一边吃一边走。过了一段时间,他突然想起该上学了,这时才发现牛已经走得很远了,他急忙去把牛找回来,又马上向学校跑去。由于路途远,当他气喘吁吁地赶到学校时,老师已开始上课了,老师问他为什么迟到,他如实地把原因说了。老师对这位勤劳好学的好学生深表同情,没有对他讲任何责备的话。

高小毕业后,由于家庭经济困难,张云逸无法继续读书,在家里帮忙。云逸的四叔张璟起是一个侨乡邮递员,每年往返于文昌县和越南之间,为华侨带信带物。他认识本乡横山村的赵某,赵的儿子赵士槐是驻广州清军的一名军官。一次,赵士槐回海南岛探亲,张璟起为了给侄儿找一个谋生的职业,请求赵士槐把云逸带到广州去。赵士槐见张云逸聪明能干,答应了张璟起的要求,张璟琚为儿子向张氏宗族借了路费。张云逸到了广州后即在赵家当勤杂工。

少年张云逸人穷志不穷。在赵家，他虽然每天从早忙到晚，挑水、煮饭、擦窗户、拖地板，样样活都干，但一有空就抓紧时间看书学习。赵士槐是一个有正义感的青年军官，在日本士官学校留过学，受过一些西方资产阶级新思潮的影响。他目睹日本明治维新之后，由于重视学习西方资本主义国家的先进科学技术，生产发展很快，国家一天天强大起来，他痛切地感到清王朝统治下的中国社会的落后和黑暗。赵士槐对张云逸为人诚实、劳动勤快、勤奋学习的表现十分满意。他不但没有阻止张云逸利用业余时间学习文化知识，而且还给予鼓励。

1908 年，广州陆军小学招生，赵士槐动员和支持张云逸去报考。广东陆军小校位于广州市东南面的黄埔，是清政府为维持其摇摇欲坠的反动统治，在广东设立的一所培养初级军官的学校。该校面向全省招生，学制二至三年，招收对象为广东各高等小学学生及青年军人。由于是公费学校，报考的人很多，一个县就有数千人参加，而录取的人数有限，可谓千里挑一。

国民党陆军军官学校（黄埔军校）的大门。张云逸所报考的黄埔陆军小学就是黄埔军校的前身

张云逸利用工作之余，作了短时间的准备，即参加应考，并以优异的成绩被录取。陆军小学完全按照清政府军队中的规章制度，来安排学生的学习和生活。学生们每天除了要接受严格的军事训练外，还要上六节课，学习国文、数学、步兵操典、军队内务、陆军礼节等课程。尽管这里的生活紧张而艰苦，但比起张云逸在家里喝米汤吃杂粮的生活，那就好得多了。

云逸是在完全没有得到家里任何经济支持的情况下，开始了他在陆军小学的学习生活。在学习上，他专心致志，全力以赴，节假日同学都上街闲逛,他则很少外出,留在校内坚持学习。他同届学习的同学有130人,由于他学习刻苦,每次考试成绩都遥遥领先,经常得到学校的奖励。在生活上,他艰苦朴素,节省开支,从不乱花一分钱。他把每个月节省下来的生活津贴和他每次获得的奖学金积存起来,还清了他父亲为他到广州向张氏宗族所借的款项。

心向往之的同盟会竟在自己身边

张云逸在陆军小学学习期间,中国社会的半殖民地化日益加深,民族危机空前严重。孙中山为推翻帝国主义和封建专制主义的统治,于1905年成立了中国同盟会。全国各地反对清王朝的武装起义此起彼伏,在全国反清斗争迅速发展的形势推动下,被清政府严密控制的广东陆军小学,也秘密地建立了同盟会组织。张云逸来自海南岛的农村,苦难的家史和本村贫苦农民在地主豪绅阶级压榨下的悲惨境遇,使他从小就仇恨剥削者和压迫者。到广州后,目睹帝国主义同清朝统治者互相勾结,压迫中国人民的一桩桩事实,更激起他对清政府和帝国主义的无比愤怒。他逐步成为一个关心祖国命运和人民安危的青年爱国者。在陆军小学,他同进步学生一起暗中传阅革命进步书刊,谈论国事,抨击清政府的腐败无能。

陈天华及其所著《猛回头》封面

民主革命宣传家邹容的《革命军》,陈天华的《猛回头》、《警世钟》,满怀革命的激情,用通俗的语言、犀利的笔触,揭露帝国主义侵略中国的

罪行和清政府的走狗本质，号召人民用革命的手段，打倒清政府，建立“中华共和国”。张云逸读了这些书后，常常激动得夜不能寐。他感觉到这些书真是说到他心坎里了。

一天，他对同窗好友郑乃言说：“世道这样黑暗，老百姓在水深火热中挣扎，不推翻清政府就不能救中国，我们参加同盟会去！”

郑乃言说：“胜之，你知不知道我们陆小就有同盟会？”

张云逸不由得有几分惊喜和诧异：“真的?！你怎么知道的？”

郑乃言回答说：“我高一年级的同乡告诉我的。他还说，我们陆小的盟主就是教我们步兵操典的周教官。”

“周远明?！”张云逸像发现新大陆一样惊喜。

张云逸平素最喜欢周远明先生的课。周远明曾留学东洋，亲眼见到近代资本主义技术的进步、军事的强大和日本人狂热的民族精神。作为一名青年教官，周远明和张云逸所熟悉敬佩的赵士槐颇多相似之处：他们都曾留学日本，思维敏捷，博学多才，生气勃勃。张云逸知道，周远明上起课来，旁征博引，口若悬河，总是引得学员们瞪大了好奇的眼睛，专心致志地听他讲授。

一天晚上，张云逸和郑乃言来到一间瓦房门前，敲响了房门。

“啊哈，你的两位得意门生。”开门的是邓仲元。张云逸和郑乃言微微一愣，邓仲元是带高一年级的教官，喜欢开玩笑，天生一副乐天相。看着两人呆呆的样子，周远明的大手热情地伸了过来：“欢迎！欢迎！”

张云逸和郑乃言是周远明班上的优秀学员，尤其是张云逸，不仅学业成绩出类拔萃，而且忧国忧民，和少年时代的周远明有颇多相似之处。因此，周远明对这两位门生的来访感到由衷的高兴。

四人坐定，邓仲元笑道：“你们今天是来向教官请教问题的吧？”

“要向老师请教的问题实在是太多了！胜之，你说是吧?”郑乃言看了一眼略显拘谨的张云逸，很明显话中有话。“是的，当今天下大乱。内忧外患接踵而来，国家出路究竟何在?！”张云逸不由长叹一声，眉峰紧锁。“朝廷已无希望，你们说怎么办？”周远明嗓音浑厚，讲起话来铿锵有力。“与其乞求，不如革命！”张云逸望着周远明，说起话来热血沸腾，“周教官，今天我们来,就是为了加入同盟会!”邓仲明问道:“你们不怕我去向朝廷告密?”张云逸坚定地说:“怕死就不革命了!”于是大家相视而笑。

陆军小学同盟会组织经过观察了解,知道张云逸反清态度坚决,同意吸收张云逸为同盟会会员。

不久,让张云逸终生难忘的这一天终于来临了。在广东陆军小学一个僻静的角落里,张云逸、郑乃言和几位同学或坐或立,专注地倾听周远明演讲。

周远明历数鸦片战争以来中华民族所蒙受的奇耻大辱,揭露清廷暴政,演说三民主义,讲述革命共和,介绍海内外革命志士反清斗争的情况。周远明讲毕,便是盟誓入会,为了表示死而无悔的革命精神,加入同盟会填写志愿书时要歃血为盟。张云逸第一个拿起小刀在手指上猛然一划,顿时鲜血涌出,滴入碗中,周围同学开始尚有畏惧情绪,见张云逸如此刚勇,纷纷接过小刀,将自己的鲜血滴入碗中,他们的血交融在一起,精神汇聚到一起。紧接着,张云逸和同学们随周远明举起右手,宣誓道:“当天发誓,同心协力,驱除鞑虏,恢复中华,创立民国,平均地权,矢信矢忠,有始有卒,如或渝此,任众处罚!”当晚,张云逸激动得一夜没有合眼,他渴望战斗,渴望血与火的洗礼。

险成黄花岗烈士

1911年,革命烽火燃遍中国广大城乡,人民反抗的呼声惊天动地。为了埋葬腐朽的清王朝,4月27日,在黄兴的领导下,同盟会在广州发动了武装起义,这次起义虽然没有取得胜利,但它使清王朝受到了一次沉重的打击,震动了全国。这一年夏天,张云逸同10多名同盟会会员秘密离开陆军小学投身辛亥革命。

1910年2月12日,孙中山领导了广州新军起义。起义人员在同盟会会员倪映典率领下进攻省城广州，血气方刚的张云逸随着数百名新军士兵高呼“愿为革命战死”的口号，攻向讲武堂。面对强敌，张云逸和他的新军战友们，没有退缩，他们在倪映典的率领下，与清军争夺有利地形，战斗十分激烈。起义军伤亡数人。由于敌众我寡，起义军又孤立无援，经过两天两夜的孤军奋战。倪映典战死，起义失败，张云逸等人怀着悲恨交加的心情撤离了战场。

黄花岗起义中被捕的革命志士

1911 年 4 月 27 日，革命党人在广州又发动了第 10 次武装起义，这就是著名的黄花岗起义。是日凌晨，不屈不挠的反清志士们再度揭竿而起，突然向总督府发起猛烈的攻击。这支攻击队伍，其实是 800 名“选锋”中的一部分。

由于计划不周，又缺乏坚强而统一的领导，致使起事的时间一改再改，已经赶到羊城的几百名“选锋”有一些退回香港去了。混乱之间，敌方已然有所察觉了，起义的领导人之一黄兴，此时也只得率领这支队伍仓促上阵。

攻击是从下午 5 时半开始的。起义军敢死队冲锋在前，他们臂缠白巾，手执枪械和炸弹，只听訇然一声号炮响过，这些硬汉子便狂吼一声赤膊上阵了。他们形成一个箭头形状的梯队，穿过硝烟弥漫的广场向前逼进。冲在前头的是黄兴，张云逸和新军弟兄们紧随其后。

黄花岗起义指挥部旧址

阴森而庞大的总督府,成了封建王朝的一种象征。张云逸就这样,跟着黄兴向反动势力开战了,在生死搏杀中,他手中的大砍刀闪电般划出一道道耀眼的弧光。他跟着黄兴率领的敢死队怒吼着,迎着总督府门前黑森森的炮口进逼着。

“轰!”大炮响了。一团黑红的火焰从炮口喷出,铁砂弹片在空中发出一阵骇人的尖啸声,有几个敢死队员应声倒下去,队形乱了一下,又迅速恢复了原状。

黄兴和他的敢死队又是一声狂吼,擂鼓般一跺脚,这场面,与其说是一场武力搏斗,不如说是一场殊死的精神较量。张云逸后来说,他当时激奋得浑身颤抖起来,真恨不能一下子跳到黄兴的身边,纵使以身殉国又有何痛哉!

“轰! ”总督府门前的大炮又响了。

再度恢复了箭头形状的敢死队已经逼近了,清兵惊慌了,清兵溃乱了,清兵丢弃了炮位,退回总督府的大门。

张云逸的大刀,随着他的吼声划出又一道闪电,一个顽抗清兵的头颅滚下来。他,本不是“选锋”中的敢死队员,却硬是跟着这支敢死队冲上去了。喊杀声大作。随着一阵鬼哭狼嚎，总督府大墙轰然倒塌了。被炮火轰倒的大墙，压住了与他格斗的清兵。这个清兵趴在他身上，嘴里喷出一股发腥的鲜血，接着浑身抽搐了一阵就不动了。敢死队杀入总督府深处之后，有人扒开残砖碎瓦，拖开已经死去的清兵，将快要窒息的张云逸救出来。这场大厮杀还没有结束，救他的战友便又匆匆冲上前去了。留下他，跟刚才被甩在旁边的这个清兵躺在一起。他缓过气来睁开眼，才发现这个清兵不过是一个稚气未脱的大孩子。此刻，这个大孩子的双眼还睁着，已经凝固了惊恐的神色和求生的渴望。瞧他的土布内衣，瞧他的补丁摞补丁的裤子，都证明他是一个穷人家的子弟啊。一种说不清道不明的情感，禁不住泛着苦味从他的心底涌上来。他坐在地上大喘几口气，又悲怜地从头到脚打量一下这个孩子兵的尸体。看着那张沾满鲜血和泥污的瘦脸，他心里很难受。

杀声又起。他急忙拣起身边的大砍刀，一跃而起，奔向前去激战。间歇，他回到那个孩子兵尸体旁，并且下意识地伸出双手撕下一块衣襟，将这张稚气犹存的满是血污的脸擦干净了。几个新军弟兄站在不远处，十分惊讶地瞧着他的举动。

"穷苦人总是统治者的殉葬品。"张云逸从此悟出了这个道理，他感到自己的五脏六腑都热辣辣地发痛，一种压抑不住的仇恨猛地升腾起来。

起义军冲进总督衙门，却没有抓到一个高级官员。这时候，总督张鸣岐已经逃往水师行台。当张云逸提着大砍刀四处搜寻他的时候，他正和水师提督李准在一起部署军队，来围攻起义的队伍。

总督府被大火烧成了废墟。但是，起义军却陷入了困境。不久，激烈的巷战就开始了。此时，这支起义的队伍已经成了哀兵疲旅，被越来越多的敌军团团围住了。黄兴的敢死队员所剩无几，大多数都战死了。终于，他们被逼到一个狭小的街道，再也没有退路了。浑身是血的张云逸环顾四周，不见一个援兵的影子。他哪里知道，陈炯明、姚雨平等人率领的几支"选锋"，其实就在不远处袖手旁观。而赵声部下的150人，其中大多数还在香港，他们要救黄兴也来不及了，这就是组织不力、人心不齐造成的恶果。眼睁睁看着敌人蜂拥而至,黄兴只好将他手下的人马分为三路,力图冲出城外与新军和巡防营中预定起义的队伍会合。下完命令,黄兴便擎刀大吼一声:"拼了!"

一阵混战之后,张云逸被逼入一条小巷,前后都被清兵堵住了。一个清兵大叫着:"你跑不了啦!"

情急之中,张云逸急中生智,躲到墙边的一棵大树后面,利用这棵树来抵挡身后杀来的敌人。这时,眼前的敌人猛地扎来一枪,他急忙一闪身躲开,枪尖一下子扎进大树里。趁着敌人拔枪的时机,他跳过去手起刀落,那家伙连叫一声也来不及就倒下去了。这个动作太快了,快得简直让人难以想象。他竟然在砍倒眼前这个敌人之后,还能来得及对付另一个敌人的袭击。转瞬间,他身后的枪尖已经带着风声扎过来,而他就在这一刹那间闪身甩手,一刀砍飞了那杆枪,紧接着他又就地打了一个急旋子,一下子踢倒了这个敌人,赶上一步又是一刀,砍在那只扬起来的臂膀上,那清兵疼得"啊——"一声惨叫,便滚到一边去了。

小巷口,又有几个清兵吆喝着杀过来。这棵大树,就在万分危急的时刻帮了张云逸的忙。眼见得进退无路,他随即"噌噌噌"几下子爬上树,再跃上高墙,纵身跳入一家宅院,又进入一个小门,跑进又一个曲折的小巷,他回头向身后看了看,一个追兵也没有了。

在这场浴血厮杀中,张云逸是下定了舍身成仁的决心的,他自己也想不到,这曲里拐弯的巷子和那棵大树给了他一个脱身的机会。

分别突围出来的还有几十个弟兄,但有的

图为位于武昌小朝街85号的文学社秘密总部,当时为武昌起义的临时指挥部

后来又被清兵逮住杀害了。这些死难者中，有旧营中的进步教官，有与他同窗的学友，有跟他不相识的战士，也有归国的华侨，年龄最小的只有18岁。在被俘者中表现最为出色的，当数曾在日本留学的林觉民、喻培伦等人。清朝官方留下的审讯录，见证了他们的大义凛然，坚贞不屈。

后来，广州人民收殓烈士遗体72具，葬在黄花岗，史称"黄花岗七十二烈士"，实际上牺牲者远不止这些。这次极其悲壮的起义，也称"辛亥广州起义"，被孙中山先生称为"吾党第十次之失败"。

一个炸弹队长的侠骨柔肠

1911年10月10日(即宣统三年八月十九)，武昌的革命士兵在一夜之间取得了起义的胜利，从而敲响了清王朝覆灭的丧钟。

赤地千里、遍野哀鸿的中华大地，很快从四面八方传来了响应的回声。就在武昌起义胜利的12天之后，湖南、陕西两省的省会又爆发了起义。火速波及的自然有不甘驯顺的羊城，乃至整个广东省。两周之后，惠州民众揭竿而起: 同月29日，惠州义旗迎风漫卷，矛头直指汕头，又向潮州……

在香港一间气氛热烈而紧张的会议室里，有十几个人正在秘密地举行一次重要会议。他们都非常激动，即便是性格沉稳的张云逸，此时也亢奋得摩拳擦掌，跃跃欲试。

上次起义失败之后，羊城依然沉浸在血雨腥风之中，清王朝的鹰犬到处搜捕和杀害革命党人。为了保存自己，再度崛起，张云逸和军校的几位同学，在一个清晨悄然登上驶往香港的海轮。当伫立在岸上，赵士槐和周远明的身影在迷茫的烟雨中变得越来越遥远的时候，张云逸的心底禁不住涌上一阵酸楚，眼睛也湿润了。他暗暗对自己说:"胜之，不要这样啊，什么事你都要挺得住！"

虽说此次秘密赴港是一次逃亡，但也是化被动为主动的得力举措。张云逸等人下一步的主要任务，就是召集和培训一批辛亥革命的骨干分子，训练他们既懂战略又擅用战术，以便在以后的武装斗争中发挥更大的作用。

当时,南方支部的负责人是胡汉民。胡汉民告诉大家,驻广州的清兵几乎倾巢而出,去剿杀化州、惠州等地的起义军。这句话,一下子引爆了整个会场——

"我们快赶回广州去吧!"

"对啊,这样才能牵制住敌人。"

"响应武昌起义,就该占领羊城要地呀!"

十几张嘴几乎同时喊起来。19岁的张云逸,素来比同龄人要冷静一些,然而他毕竟是血气方刚的年轻人,一旦感情冲动起来也性如烈火。此刻就是这样,武昌起义胜利的消息使他们激奋异常了。他一拳砸在桌面上,大声对胡汉民说:"对,拿下广州方为上策!"

胡汉民沉吟片刻,才说:"虽说广州城不是虎踞龙盘,却也有两广总督张鸣岐统兵固守。"

一句话,使热烈的气氛变得沉闷了。

"可是,那该怎么办?"张云逸不由得锁紧了双眉,他苦苦思忖着,却又想不出更好的法子。末了,他站起来果决地说:"让我当炸弹队长吧,只要能攻下广州城,我不怕粉身碎骨!"

"好!"胡汉民脱口叫道。

又一个中等身材、肤色黝黑的小伙子站起来,紧跟着说:"让我跟胜之一起干吧,我也愿以死殉国!"

"好!"胡汉民也站起来了。张云逸一步上前,紧握住愿意跟自己走的这个小伙子的双手,双方一时默默无言。彼此心领神会,不必再说什么了。这个跟他并肩战斗的小伙子,后来成了国民革命军海军第四舰队司令官、广州市长。他的名字叫陈策。

会场的气氛再度转为热烈,一个攻打广州城的行动计划就在酝酿之中。

是年11月初,攻打广州的各路人马,纷纷从四面八方向城郊汇集,准备展开一场你死我活的攻坚战。首当其冲的开路先锋，自然是张云逸、陈策和他们的炸弹队。好家伙！一队铁骨铮铮的硬汉子，一个个臂下紧夹着小行李似的炸药包，义无反顾地雄赳赳大步挺进。奇怪的是，炸弹队没有一门炮和一发炸弹，有的只是几十条血肉之躯和默默无言的炸药包。准确地说，这是一支爆破队。

武昌起义时起义军的炮兵

在一个阴雨霏霏的下午，广州城已经遥遥在望了。走着，走着，便有拦路的鹿砦和堑壕横在面前。在堑壕那边的工事上架着两门炮，犹如两只虎视眈眈地蹲伏着的独眼怪兽。那时候的土炮笨重极了，射程也不远。“轰！”的一下喷出一片铁砂碎石，倒也有相当大的杀伤力。一个炸弹队员躲闪不及，顿时被那铁炮轰了个满脸花，副队长陈策火了，夹起炸药包大骂道：“兔崽子，你们等着！”不料跳起来时，却被一只手紧紧拉住了。是队长张云逸。

队长的声音异常严厉：“趴下，都趴下！”弹雨之下，隐蔽在沟里或村下的炸弹队员们，都憋着一口气等待着。

“队长，让我冲上去吧！”按捺不住的陈策大叫。

“急什么，让他们轰一阵子。”张云逸拽住他，继续冷静地观察着。土炮又轰响了几下，便哑了。张云逸笑了笑，说：“炮筒子太热，射不远了，让它打吧，放屁一样。”

陈策钦佩地说：“队长，你可真行。”说着，脱下军衣赤裸着上身，要夹起炸药包冲上去。

“再等一下。”张云逸不慌不忙。在炮火的轰击中，他抖了抖落在身上的砂土，又问陈策：“咦，你的小马甲呢？”

那件小马甲极漂亮,家织的土布,胸前绣着两朵花。花是心状的蕾,粉嘟嘟至顶尖便是鲜红的了。他曾在一个晚上问陈策:"这马甲,是谁的手艺呀?"陈策的脸便红了,他愣了一会儿,突然明白是怎么回事了。他才19岁,对爱情犹如雾里看花。陈策有个妹子,她亲手绣了这个马甲并送给陈策。

没有小马甲和绣花的张云逸,知道自己该怎么做了。陈策又红了脸,趴在他耳边说:"队长,小马甲在我的背包里。万一我……请你把它邮回去,还给她。"

说到这儿,他发现队长的嘴角抽搐了一下。是的,张云逸心软。一辈子,他也没改得了慈悲心肠。他揉了揉眼睛,一下子夺过陈策的炸药包。

"干什么？你！"陈策脱口叫道。

这时,对面的土炮仍在有气无力地嘶叫。"现在还轮不到你。"张云逸说着夹起炸药包。

陈策还要争夺。张云逸恼了:"我让你等着,这是命令。"说罢,单腿跪在大树后迅速观察一下,猛然间跳起来冲出去。

"快掩护！"陈策大叫。

这时,敌人的枪炮声已经响成一片。

陈策后来想起这生死攸关的时刻,他一只手还下意识地往前一抓。他说他当时是想抓住张云逸的胳膊,因为他发现前方碉堡上突然亮起几个枪眼,随即就喷出一条条炽烈的火舌来。

然而,哪里还能抓得住呢,张云逸已经蹿出去几步了。就这样闪电般地奔跑着。突然,他一个跟头跌倒了,就地打了个滚。陈策的心像是被什么揪扯了一下,不禁大叫道:"队长！"

他以为张云逸中弹了。他夹起另一个炸药包正要接着冲上去,却又发现张云逸以极快的速度匍匐向前,转眼之间就爬到敌人射击的死角去了。原来,队长是佯装中弹,转移敌人的注意力。陈策这才轻轻嘘了一口气,撸了一把脸上的冷汗,回头大喊到:"开火,狠狠打!"

有几个初上战场的小伙子都看愣了。听陈策这么一喊,才回过神来冲着碉堡一顿乱射。这仗,打得真不怎么样。陈策后来说,胜之这是拣了一条命,爆破的人上去了,而担任掩护的人却忘了开火!

不管怎么样,清军的这个碉堡是让张云逸给端了。只听轰然一声巨响,碉堡犹如一顶丑陋的破帽子,被腾起的一股烟云冲上了天。断枪残肢,血肉砂石,乱纷纷地抛出来。工事旁边,剩下的铁炮在炸响——的确是炸响,大概是火药装得过多,它炸膛了。没有被炸死的清兵爬出掩体,屁滚尿流地逃命去了。谁肯死心塌地为该死的清王朝卖命呢?

现在再来说说陈策的小马甲。晚上露营的时候,他又悄悄地打开背包,将那件充满柔情的小马甲穿在身上。张云逸瞧着,就那么开心地笑着。他还悄悄问:"这么新的小马甲,怎么划破一个口子?"

陈策说:"枪尖挑的。打这以后,我就不穿着它上阵了。"张云逸点点头,随即拿出针线缝补起来。他是苦孩子出身,缝补浆洗什么都行,从小就干惯了。那绵长的线,随着他灵巧的手指穿行着,穿行着……默默地将两人的心也连在一起了。

陈策瞧着,似乎想到了什么,眼圈便有点红了。说:"胜之,你啥时候也能有这么一件小马甲呢!"张云逸笑了笑,没吭声。这一笑,极像一个忠厚的大哥哥。两个亲兄弟似的战友,就这样又投入了新的战斗。在一个星期之内,各地起义军相继赶到了广州郊区,革命党人和成千上万的工农弟兄,有的抬着土炮,有的挎着大刀,有的扛着土枪,有的举着梭镖,人喊马嘶拂沸扬扬地围上来。

兵临城下,枪炮齐鸣,羊城摇摇欲坠。两广总督张鸣岐吓坏了,面对与他谈判的革命党代表不知所措,他用一只颤抖的手连连擦拭自己胖脸上的冷汗,终于低声下气地接受了革命党提出的条件。他说:"我同意,两广脱离清政府……独立。"

各地起义军进驻城内。随即,广东革命军政府宣告成立了,消息很快传往四面八方,各地的革命斗争更是如火如荼,清王朝的垮台已是大势所趋,无可挽回了。在不到一个月的时间里,湖南、陕西、云南等10多个省都脱离了清王朝的统治,纷纷宣告“独立自治”。

多灾多难的华夏民族,总算看到了新生的希望。

揭阳县的“青天”

1922 年 3 月,孙中山准备北伐,由于陈炯明叛变,广州失守,革命受到挫折。当时,张云逸的心情就像满布阴霾的天空一样。1923 年,张云逸毅然离开军队,跨入广东国民政府行列,出任揭阳县县长。

广东省东部城镇揭阳。张云逸官邸。

中堂挂一幅青菜图, 两边是一副对联,“为民父母不可不知此味,为吾赤子不可令有此色”。

“张县长,昨日行署李专员走时脸色很难看,您应该送以重礼。”主管全县财政的钱英提起昨天的事。

“是吗?”张云逸反问道。

“现在送礼之风盛行。凡有过往官员,哪个地方官不是利用公款大肆宴请,重礼接送。昨天李专员来县里,您的接待连我都看不过眼。这钱又不是自己的,您何不花得大方一点?”钱英道。

“中山先生倡导三民主义,我们当以民生为重啊! 现在民间困苦日甚一日,我哪能拿了百姓的钱大肆挥霍,以图私利! ”张云逸正色道。

“唉! ”钱英见张云逸自有主张,轻叹一口气。

一阵短暂的沉寂之后,钱英想起了什么事,说道:“县城西部交通要道,约有 50 里路面年久失修严重毁坏。您看是不是加收点赋税,取之于民,用之于民,把道路修好? ”

“这段路是该好好修复修复了。但增收赋税,又要加重百姓负担。这事有点麻烦。钱英,县里这些时省下来的公费开支不少。够不够修路用的? ”张云逸问。

“够是够了，可是……”钱英话刚说了一半，就被张云逸打断。

“够就行了。不要再婆婆妈妈的。就用这笔钱来修路好了。”

送走钱英，张云逸伸了个懒腰。阿明从院子里走进来。

“先生，有件事我差点忘了。钱英白天拿了笔钱，交给我。说是专供县长开支的例金。例金县里大小官员都有，只是多少不同而已。他一定让我替你收下。这不，都在这里。”阿明说着从口袋里掏出一包银元来。

“阿明，你怎么这么糊涂！胡乱收钱！百姓生活疾苦。我的薪俸已够丰厚了，哪能再收什么例金？钱英对我说了几次，我都没要。你倒好，别人送到家里来，你替我照收不误！”张云逸看着跟随自己多年的伙伴，气鼓鼓地说道。

“你不收，下面的官员怎么办？小心别人挤兑你！”阿明道。

“林子大了，什么鸟都有。如果怕挤兑，我就不来当这个县长了。”张云逸道，“阿明，你明天把钱还回去。我不仅不要，还要把这笔例金革除。”

骄阳似火，滴雨不下。这年揭阳县发生旱灾。不少农民颗粒无收，饥民盈野。

“张县长，上头拨下来的救济粮已全部运到。您看……”钱英向张云逸请示。

“往常怎么做的？”张云逸问道。

“按照往常惯例，救济粮全部以平价出售。只要将其收入上缴即可。”钱英回答。

“这样效果怎么样？”张云逸问。

“还不错。”钱英答道。

“饥民有钱买粮吗？”张云逸问。

“这个……”钱英支支吾吾。

“发生旱灾，真正有难的饥民根本没钱买粮，而有钱的豪民富户肯定会乘机抢购囤积。今年我们变一变法，救济粮部分以市价出售。因为市价远远高于平价，所以只需卖小部分粮食，收入就可抵还上司；其余大部分粮食，我们在县府门前设施粥厂，救济饥民。”张云逸拍板。

次日，县府门前人来人往，挤满了面带菜色的灾民。张云逸亲自施粥。饥民们一边喝着热粥,一边欢呼:“青天!青天!”

木秀于林,风必摧之,张云逸所作所为无疑给腐败的官场带来一缕清风,然而招来的是恶势力的报复。先是奸商联名告状,说张云逸把上司拨给的平价粮以市价出售,中饱私囊。接着有人告发张云逸擅自减少赋税,使县府机构运行困难,还有人告发说张云逸独断专行,不知体恤下情。揭阳县官民对张已是怨声载道,恳请将张撤职,重新委任揭阳县的“父母官”。地区行署的李专员借机大做文章,说通了其他官员,一致决议对张云逸“劝其离职”。

许崇智。1923年,孙中山重组革命政府,许崇智担任东路讨贼军总指挥

冷酷的现实使张云逸猛醒。世道黑暗,要救民于水火,岂可一蹴而就?不打碎旧的官僚网络,让社会彻底地翻个个儿,任何正义的主张和美好的理想都不可能实现。

张云逸愤然离职,回到广州,在许崇智手下任旅长。

第二章　东征北伐的战火硝烟

★一个师也换不去的旅参谋长

★“从今天起，你就是中国共产党光荣的一员了。”

★在南昌起义前后

北伐军在中国共产党的影响、推动和组织下，士气昂扬，所向无敌，以破竹之势，直驱长江流域。张云逸在战争中经受了战火的锻炼和洗礼，率部屡立战功，深得赏识，成为北伐军中一名足智多谋、能征善战的猛将，不久被任命为第四军第二十五师参谋长。

南昌起义总指挥部旧址——原江西大旅社

一个师也换不去的旅参谋长

1925年残秋，蒋介石早已大权在握，许崇智被迫下野。旅长张云逸被调入国民革命军第四军，降为第一独立旅参谋长，在张发奎手下。

陈炯明趁火打劫。形势危急，再次东征叛军的战斗势在必行。为大举北伐扫清先行之路。

是年10月初，国民革命军的旌旗迎风翻飞，铁骑驰骋，战车隆隆，烟尘滚滚，三路大军开始东征。

此处记述的正是张云逸所在的第二纵队的战斗片断——

10日早晨，兼程奔袭的第四军第一独立旅突然接到蒋总指挥的命令：你们要不惜一切代价，务必将敌人的增援部队阻击在博罗之外！

旅长张发奎骑在马上，疲惫地喘着粗气问："来了多少敌人的援兵？"传令兵回答说："不知道。"张发奎叫道："哪有你这样传令的，老子枪毙了你！"传令兵说："蒋总指挥让我怎么说，我就怎么说。"张发奎大骂："老蒋，你这个瞎指挥！"传令兵趁着张发奎发脾气的时候打马飞跑了。张云逸催马过来，提醒道："旅长，我看总指挥并不糊涂。"

"嗯？"张发奎扭过头来。

"很可能，敌人的援兵很多……"

1925年10月至11月，国民革命军进行了第二次东征，彻底肃清广东东江地区陈炯明反动武装。图为国民革命军在东征中攻克广东惠州城后，部分官兵在惠州城北门留影

1926年7月9日，国民革命军在广州举行北伐誓师大会。图为大会会场

听到这里,张发奎若有所悟。他牙疼似地吸了一口凉气,咬着牙低声说:“好啊,蒋总指挥真会用兵。”

13日,中路的第一纵队首先打响了攻击惠州城的战斗。

秋高气爽,晴空万里。只见一架架轰炸机呼啸而去,转瞬间敌军阵地上烟火冲天,传来的是滚雷一般的爆炸声,“轰!轰!轰!……”

这时候,左路的第二纵队和右路的第三纵队正在继续挺进。左路军中,张云逸所在的独立第一旅火速向阻击的地域奔袭。他们进入阵地不久,从担任主攻任务的第一纵队传来战讯:因地势险要,敌工事坚固,且火力猛烈,我军损失惨重。

具体的情况,张云逸后来才知道:夺取惠州城时,敌人的火力的确是太猛烈了。冲在前面舍生忘死的指挥员和战士,大多数是共产党员。在攻城先锋队中,27名连队的党代表竟然有21名壮烈牺牲,6名负伤。共产党员的感召力再一次产生了巨大作用,他们的生命和热血就是最有力的动员啊!于是,冲锋队呼喊着冲上去,一批倒下,又一批冲上。他们,在暴风雨一般的枪炮声中,浪涛似的不断冲击着城墙垛口。这场攻坚战整整打了30多个小时,只见城墙下尸体压成了一道山脊,热血汩汩流向低洼处,那情景真令人惊心动魄。

攻打惠州城的战斗进入白热化状态。敌人的增援部队拼命往上攻,力图突破封锁线赶往惠州。张云逸跟着张发奎赶到前沿指挥所时,发现刚刚垒就的工事又被炮火摧毁了。从俘虏的口中得知,惠州方面十万火急地呼唤增援部队,他们的师长有言在先:"通不过封锁线者,杀!"张发奎听到这里,咬着牙低声骂了一句。

敌人的援兵果然很多。来的是一个师?不,紧接着还有一个师。他张发奎就是有三头六臂,能阻拦得了吗?然而,不死战又怎样?这是蒋总指挥的命令。

此时,张发奎盯着参谋长张云逸,许久不语。他那双充血的眼睛转了几转,突然转身对传令兵说:"通报下去,敌人的增兵不过一个团,给我狠狠打!撤退者,以军法论处!"

张云逸觉得自己的身上突然被"激灵"一下。哦,老蒋的法子,这么快就让张发奎借用过来了。有多说少,大事化小,这不是拿人命下赌注嘛。可是,眼下没有别的办法,只有硬拼了。张发奎从张云逸的眼神中看出了一种反感。对于这位曾身为旅长、虽失意屈就而又才能超人的参谋长,他张发奎是从来不敢小视的,因此,他不能不问道:"胜之,你说说,还有什么好办法?"

胜之不语。

又一阵激烈的阻击停歇下来,阵地上尸体横陈,一片狼藉。硝烟还未散去,敌军正准备下一轮攻击。时间非常紧迫。张发奎的眼珠子一阵乱转,说:"胜之,你倒是说话呀!"

张云逸望着敌军的必经之路,只见山道弯弯,峰峦错落,堪称设置疑兵的好去处。他的想法总算成熟了,于是他说:"依我看,撤!"

"撤?"张发奎大惊。显

1925年10月14日,东征军攻克号称"南中国第一天险"的惠州城。图为惠州城被革命军攻克的情景

然，张云逸是另有打算的。为何不在这里硬拼，张云逸自有他的道理。这条通往号称“南中国第一天险”的惠州的道路，适于打伏击也适于咬敌人“尾巴”。因此，应该将兵力分为三股：一股留下来继续阻击；一股(骑兵)抢到敌人必经的地方打伏击；一股抄后路去打敌人的屁股。这样又阻又拖又袭击，让敌人走也走不快，打也打不赢，还没有赶到惠州的时候，我们中路军的战旗就飘扬在惠州城头上了。

张发奎听完，略作沉吟便一拍大腿，说：“好吧，就这么干了。”

第一独立旅立即分作三股，匆匆地执行各自的作战任务去了。片刻之间，敌人的进攻又开始了。这一次，担任阻击任务的一团以一当十，无疑是打得更艰苦了。张云逸后来回忆说，这支部队撤退的时候幸存者不足百人，而上千人都永远悲壮地留在那块阵地上了。敌人终于突破了这道封锁线，火速向惠州方向进军。不料，他们还没走多远就中了埋伏。那正是第一独立旅的骑兵，他们打了一阵便跑了。跑到哪里去？再取捷径跑到前头去伏击呀。这真让敌人气恼得不行，却又无可奈何，两条腿总跑不过四条腿。走着，走着，敌人后边的队伍乱了套，原来是“尾巴”被人咬住了。于是，又得回过头去打。打了一会儿，张发奎部队又消失在树林里了。

敌人再往前走，突然间又中了埋伏。又是那支骑兵的袭击。没办法，打了一会儿再走。突然，屁股后又响起一阵枪声，“尾巴”再一次被人咬住了。

就这样，走走停停，打打停停。赶到惠州，还增援什么！惠州城头果真已经飘扬起东征军的战旗了。

张云逸出色的军事才能又一次显示出来，使张发奎愈发地不敢小看他了。

经过几番苦战，“南中国第一天险”——惠州要塞，终于被东征军夺取了。

攻克惠州之后，东征军一鼓作气，日夜兼程，向东江上游挺进。三路纵队犹如三支利箭，分别射向敌军盘踞的几个要害部位。第一纵队穿过永湖、赤石、梅陇等地，直插海丰、陆丰；第二纵队穿过淡水、平山、三多祝等地，去占领紫金、河婆；第三纵队沿着东江西岸火速北进，去夺取河源、老隆。

国民革命军攻克惠州战斗中的烈士遗体

时值残秋，战马长嘶，日夜兼程。东征军乘胜追击，所向披靡。而陈炯明残部却旌旗倒卷，已陷入风声鹤唳、草木皆兵的境地了。

10 月 22 日，独立第一旅风尘仆仆赶过热汤墟，行至山谷的险要处，张发奎坐在一块大石头上喘口气，就见山路上的侦察兵马如流星，转瞬之间人与话音几乎同时从马上落地："报告，前方发现敌人大部队。"

张发奎站起身，用马鞭掸了掸腿上的尘土，问："来了多少人？"

"将近 1 万。"

"谁的队伍？"

"是林虎、刘志陆的主力。"

张发奎不掸腿上的尘土了，腮帮子一抽一动的。他在咬牙。第一独立旅，经过 5 天的兼程鏖战，已是伤亡减半的哀兵疲旅了。又碰上将近 1 万的敌人，哪里还能打得赢？他的眼睛又盯着张云逸。

张云逸不语，张发奎不是个没主意的人，他知道。有时候，这个狡黠的旅长，是有意借他的口说出自己不愿说的话来。他不语，就是要摸一摸这家伙肚子里藏的是什么。

张发奎也是行伍出身,情急之下将马鞭子抽在皮靴上“啪啪”作响。“说话呀,我的高参!”这一次,张发奎的神情是难得的恳切。

战局明摆着:这复杂而险要的地形,使第二纵队的右翼陈济棠部进展迟缓,也使左翼冯轶裴部步履维艰;而夹在山地中间的张发奎部,进不得退不得也迂回不得了。这里,是一条憋死牛的山谷,憋得死敌人也憋得死自己。

张云逸说:“看来,我们不打,敌人反倒起疑心,很可能不往这‘口袋’里钻,现在是舍不得孩子套不住狼了。”

张发奎在地上转了几圈,到底还是一咬牙:“豁出去了!”这其实不是他的本意。他知道,这位参谋长最反对的就是孤注一掷的战术。那么,究竟怎么去套“狼”呢?

参谋长又沉吟一下,才说:“可以派一支尖刀连去抢占谷口要地,坚持到天黑之后再往两头突击,诱使两边的敌军扑过来‘包饺子’,这时候策应我们的部队还在外围,正好也来一个‘包饺子’……”

“哟,这是什么战术?”张发奎想过好几种打法,却怎么也没想到这么干。

北伐军攻克武昌城。图为北伐军攻克武昌后列队进入汉口英租界

“怎么说呢，如果硬往兵书中的三十六计上套，也算作‘金蝉脱壳’、‘浑水摸鱼’、‘关门捉贼’的结合物吧。没个准确的叫法，就叫：‘你包饺子，我也包饺子’吧。”

“嗨，‘包饺子’，‘包饺子’。”张发奎牙疼似地哼叽着，“只怕是咱们都成了‘饺子馅’。”

张发奎长吁一口气。别无良计，也只好听任他的参谋长指挥了。

于是，张云逸派出的尖刀连抢先钻进谷口，占领了两侧的高地。

大约过了半小时，战斗开始了。敌军派出两个营的兵力，发了疯一般抢占控制要道的山头。尖刀连立即进行顽强的阻击，随着一阵激烈的枪炮声，山坡上滚动着十几具尸体，敌人在混乱中退下去了。

不一会儿，又一次攻击开始了。

眼见得尖刀连就要顶不住了，张发奎急得在掩体里团团转。只听参谋长张云逸说了一句：“旅长，我去那边看看。”语气是轻松的，仿佛他不是去正在浴血拼杀的谷口要地，而是到一个值得观光的地方走一走。

事已至此，张发奎还能说什么呢。

阵地上，一个尖刀连打得只剩下两排人了。战士们一见参谋长上来了，立即有了主心骨和信心。

“弟兄们，坚持到天黑就是胜利！”张云逸喊着，一挥驳壳枪就是一梭子。抢上山头的两个敌兵滚下去了。士兵们士气大振，猛地发出一阵嘶哑的吼声：“打！打呀！”

敌军也不是草包。经过这样的火力侦察之后，敌军指挥官林虎心里有了底，他命令自己的大部队向谷口长驱直入。

落日时分，晚霞如血。

一批接一批的敌人攻上来。炮声，枪声，厮杀声，响成一片……

天，终于黑下来了。

敌军也停止了战斗，却死死地卡住了谷口的两头。

张云逸率领尖刀连的十几名士兵，凭借暮色和草木的掩护悄然撤出阵地，随即又分为两队，分别向谷口两头出击了。又一阵枪声响起。

恼羞成怒的敌军果然上当了。他们从谷口两头攻过来。夜色里，双方接上了火,打得一塌糊涂。而张云逸这时已经带着自己人,在黑暗和混乱之中逃出敌人的包围圈,埋伏在一片荒草丛中了。

枪炮声大作。又打了一阵,敌军才发现上了当。天太黑,他们只好骂骂咧咧地停了火,各自回到露营地去。

凌晨,恼羞成怒的林虎展开了疯狂的报复,他找准了张发奎的主力,立即指挥大部队猛扑过来……

张发奎一边指挥作战,一边用嘶哑的嗓音吼着:"陈济棠、冯秩裴呀,你们还不快上!"

当这支阻击部队就要顶不住了的时候,李济深带领第一独立团和第三十四团急急赶来,投入了战斗。情况正如张云逸所料的,他们已在外围向里"包饺子"了。这样一来,革命军便来了个里应外合。

战场上的形势变了,包围与反包围的战斗打得惊心动魄。

这是10月23日早上。革命军右翼的一个师也赶到了,是陈济棠的人马。这下子,敌军完全陷入了被动的局面。

战斗越来越激烈。

被围歼的敌军东突西闯,死伤大半,剩下的残兵败将还是逃走了。

面对胜利的张发奎却毫无喜色,他只是愣愣地瞧着尸体横陈、一片狼藉的战场,突然一跺脚双手抱头蹲在地上,狼一般号叫着:"我的人马啊,我的人马!"张云逸眼里噙着泪,只是默默望着硝烟尚未散尽的山地,望着那血红的仿佛燃烧得有些变了形的落日。他在想什么呢?

无论如何,这一仗打得还是非常漂亮,这谁也不能否认。

蒋介石一直紧盯着东征的先头部队和几个关键性战役,听说张云逸竟然有转败为胜的指挥才能,便有意给张发奎换一个参谋长。据说他是想重用张云逸,这也是他收买人心的一种惯用策略。张发奎一听就沉不住气了,在电话中嚷起来:"总司令,你不要拆我的台呀,你就是拿一个师来换胜之,我也不干!"

后来，这件事在第一独立旅中传为佳话，叫做老蒋拿一个师也换不去的旅参谋长。

接下来的战况是这样的：何应钦、周恩来率领的第一纵队，于22日夺取了海丰，激战4天之后又夺取了陆丰。陈济棠率领的第二纵队，于26日攻占了紫金等地。程潜率领的第三纵队，于22日至26日拿下了河源和老隆。

到了11月中旬，三路大军犹如秋风扫落叶一般，席卷了反动军队的残余人马。陈炯明这个革命的叛徒，终于落得个身败名裂的下场。

“从今天起，你就是中国共产党光荣的一员了。”

北伐军在中国共产党的影响、推动和组织下，士气昂扬，所向无敌，以破竹之势，直驱长江流域。张云逸在战争中经受了战火的锻炼和洗礼，率部屡立战功，深得赏识，成为北伐军中一名足智多谋、能征善战的猛将，不久被任命为第四军第二十五师参谋长。

在北伐战争的实践中，中国共产党的彻底革命纲领和共产党员英勇善战的先锋模范作用，给张云逸以极大的教育和影响，在血与火的拼杀中，逐渐使他深刻地认识到，只有中国共产党才是灾难深重的中国人民可以信赖的组织者和领导者，只有在共产党领下才能推翻帝国主义和封建主义在中国的统治，消灭人剥削人的不合理制度。

当时社会上出现的进步报刊和书籍，是传播资产阶级民主思想的重要途径

后来，他结识了共产党员王之仁。随着他思想认识的进步，在王之仁的影响下，他开始阅读《共产党宣言》、《共产主义ABC》等马列主义理论著作，在党组织的引导下，逐步由一个激进的革命民主主义者转变为

一个坚定的无产阶级革命战士。

1926年11月的一天,王之仁带着张云逸来到了一个高墙环绕的庭院,推门而入,眼前的景象令张云逸眼睛一亮,原来迎面的墙上端端正正挂着一面绣着镰刀斧头的红旗,像一团正在熊熊燃烧的火焰,“这是中国共产党党旗!”张云逸心情激动。这时,王之仁走上前握住了他的手:“胜之同志,组织上已批准你入党,从今天起你就是中国共产党光荣的一员了!”其他几个老党员也围上来,向张云逸表示祝贺。

张云逸所在第四军荣获“铁军”称号

张云逸激动不已,加入共产党,是他追随孙中山革命却反复失败后,痛定思痛,经过长时间的理论学习和实践斗争,逐渐形成的想法,是他心中一个强烈的愿望,当这一夙愿马上要实现时,他却兴奋得说不出话来。看着这面党旗,他半晌才哽咽地说:“谢谢同志们!”

接着,在鲜红的党旗下,张云逸随着王之仁庄重地举起了右拳,庄严宣誓:“我志愿加入中国共产党……”

从此,中国革命征途上,又多了一位英勇无畏的斗士!张云逸加入中国共产党后,为了便于工作,一直未暴露身份。他在北伐军中利用自己的身份,为党做了大量工作。

在南昌起义前后

1927年4月12日,羽翼已经丰满了的蒋介石,公然叛变了革命,丧心病狂地在上海杀害了数以千计的共产党人和进步人士。紧接着,血雨腥风席卷全国各地，一场轰轰烈烈的大革命就这样失败了。从此，革命运动转入了低潮，国共合作已成明日黄花，黑云压城，战乱再起。

张云逸不相信革命会淹没在血泊之中，他在异常的痛苦之中思索着，力图杀出黑暗的旧垒去寻求一条光明之路。

在白色恐怖笼罩全国的情况下，张云逸根据党的指示，继续留在国民革命军第二方面军张发奎部队从事党的秘密工作。7 月张云逸随同国民革命军第二十五师到江西省九江市驻防。南昌起义前夕，党组织曾派人与张云逸联系，要求派部队支援南昌起义。他积极支持和秘密掩护该师大部分人去参加中国共产党领导的“八一”南昌起义。

一天，他和南昌起义的联络员聂荣臻坐在江边促膝交谈。张云逸心如潮涌地说：“今年 4 月以来，形势突变，这几天，汪精卫也在武汉忙着召开‘分共’会议，公开叛变革命，而陈独秀还在大谈合作高调，甚至要求全党放弃革命领导权，他命令工人纠察队解散武装，这不是让我党坐以待毙吗？”聂荣臻点头称是。“再这样下去，共产党就只能被斩尽杀绝了！”聂荣臻说道，停了一会又话锋一转高兴地说，“好在根据共产国际的指示，中央及时进行了改组，陈独秀被停职，成立中共中央政治局临时常务委员会。并且决定在南昌举行武装起义，武装反抗反动派的大屠杀！”“好！对凶恶的敌人只能以牙还牙，让他们也尝一尝我们的厉害！”张云逸兴奋不已。

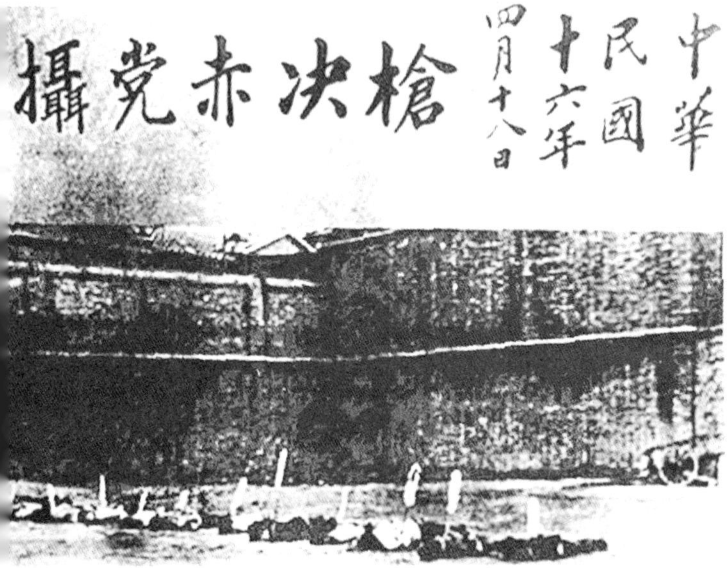

共产党人在前线流血，而蒋介石在后方却开始了血腥的反革命大屠杀。图为在1927年“四一二”反革命政变中被害的革命人士

接下来，聂荣臻分析了一下南昌起义的敌我形势，并询问二十五师的近况。

张云逸信心十足地说：“师长李汉魂是个顽固的反共派，但我和周士第已牢牢掌握了七十三团、七十五团三个营和七十团重机枪连。周士第

南昌起义总指挥部
——江西大旅社

是黄埔一期毕业，1924年的老党员，是个有勇有谋的同志。北伐时曾任营长、团参谋长和代理团长，参与指挥了攻打汀泗桥、贺胜桥，攻克武昌的战斗。你尽管放心，到时让他把队伍拉到南昌参加起义，保证万无一失!”

聂荣臻笑道:“再加上你这个师参谋长从中斡旋，到时给李汉魂来个釜底抽薪，当胸一拳，自然万无一失喽!”

8月1日，南昌起义爆发。从庐山开完会回来的李汉魂神色慌张，突然通知七十三团团长、共产党员周士第到师部，以商量要事为名企图阻止他率部参加起义。周士第接到电话，从驻地骑马来到师部。张云逸已经等在那里，将形势的突变和李汉魂的异常企图向周作了交代，叮嘱他提高

南昌起义

警惕。

到了李汉魂驻地，寒暄之后，李汉魂压低了声音说道："总指挥(指二方面军总指挥张发奎)很欣赏你，打算重用你，希望你跟他走，不要跟共产党走。"说完，李汉魂满怀期望地盯着这个黄埔一期生。

周士第答道："第四军在北伐中能打胜仗，总指挥之所以有今天的地位，是因为有共产党的帮助。你们跟着汪精卫反共、分共，只有死路一条！"周士第的话掷地有声，令李汉魂一时无言以答。

"士第，你怎么这样对师长说话?！师长还不是为你好！去，到外面冷静一下，好好想一想。"张云逸乘机把周士第拉了出去。悄声说道："你速回团部参加起义，这边我来应付。"在张云逸的秘密掩护下，周士第随即快马加鞭奔回团部，与在那里等待多时的聂荣臻以打野外为名将队伍拉出驻地。

当七十三团走到德安车站以北时，张发奎、李汉魂率卫队营乘火车追来。起义部队给以猛烈射击，张发奎、李汉魂仓皇跳车，狼狈而逃，火车上的卫队营则被起义部队包围缴械。

张发奎一肚子懊恼全发向李汉魂，他大发雷霆："你的部队呢?"李汉魂反唇相讥："你的卫队营呢？"二人互相埋怨。

第二天，起义部队全部到达南昌，未暴露身份的张云逸仍然留在张发奎部队继续做地下工作。

新四军在长江两岸广泛开展游击战，战略上配合武汉会战

9月下旬,张云逸随张发奎部队南下,到达广州,这时,张发奎又打起了自己的小算盘。有一天,他把张云逸召到自己的官邸里。“胜之,你们海南是块肥肉啊,在我碗里,谁都眼红,共产党虎视眈眈,桂系那帮人也蠢蠢欲动。”北伐后,张发奎对这位年轻有为的少将参谋长已非常信任。

“您的意思是……”张云逸一时未理解他的心思。

“镇球太不听话,我已把他调了回来,你去接替他在海南的位置吧。”张发奎派黄镇球率兵控制了海南岛,并委任其为琼崖绥靖司令。可是最近黄镇球暗中和桂系往来,越来越不服从张发奎的指挥,于是他一气之下,撤了黄镇球的职,并将其扣押在广州。张云逸一听,心里早已明白了张发奎的意思,却仍故做吃惊状:“让我去接任琼崖绥靖司令?”

“是啊,只有你去,我才放心。”张发奎点点头。“容我斟酌一下,行吗?”张云逸作出一副犹豫的样子。“胜之,你一贯干脆果断,可不要在这节骨眼上婆婆妈妈的,准备一下,隔几日出发!”事关重大,张云逸立刻向中共广东省委委员、军委主任杨殷汇报。

杨殷一听,兴奋地说:“太好了!胜之兄,你这个琼崖绥靖司令当得正是时候!‘八七’会议后,南方局和广东省委准备夺取海南岛,它是中国第二大岛,有重要的战略意义。张发奎反共反人民,可他怎么也不会料到,自己却亲手送给共产党这么大一个人情!”

于是,张云逸带着党的重托去上任了。然而,意料不到的是桂系军阀先下手为强,收买了驻扎在海口的第三十三团副团长叶肇,图谋暗害张云逸。张云逸幸得同乡及时通报,换乘海轮由越南转赴上海,从此脱离反动阵营,投向光明前景而去。

第三章　红旗飘扬在左右江的土地上

★“中央决定派你去广西。”

★改造教导总队和警备第四大队

★百色起义：红七军的成立和右江工农民主政府的诞生

★隆安保卫战

★“攻下榕江城，纪念五一节。”

★百色山花二度开

百色起义的成功和红七军的诞生，标志着创建左右江革命根据地的良好开端。它给广西反动派以沉重打击，给灾难深重的广西各族人民带来了希望。它是在广西这块富有悠久革命历史的土地上，继金田村起义开始的太平天国革命运动之后，又一次轰轰烈烈的最广泛最彻底的革命运动。邓小平、张云逸在这一革命斗争中，建立了不可磨灭的伟大功绩。

百色起义时的张云逸同志

“中央决定派你去广西。”

海口脱险后，张云逸经越南、香港到上海找党组织。

1928年8月初的一天黄昏。在一个不引人注意的树荫下，张云逸正与一个中年男子接头，这个人正是中共广东省委委员、军委主任杨殷。

两人坐在树下的长椅上，杨殷问：“老兄此次南游感觉如何？”张云逸笑了笑，神情是苦涩而又幽默的：“怎么说呢，‘夕阳西下，断肠人在天涯’，当时就是这种心境。”

杨殷有点惊讶：“哦，原来你并非赳赳武夫哟。”

“哪里，我只不过是粗通文墨而已。”张云逸自嘲地摇摇头。

1929年11月初，中共广前委在百色成立。图为中广西前委旧址

又闲聊了几句，杨殷很自然地瞧瞧四周，压低声音说：“几天前，也就是7月22日，彭德怀率领他的队伍在湖南平江揭竿而起，想必云逸兄已经知晓？”

张云逸点点头，沉默了一会儿，才说：“惭愧。”

杨殷注视着他，只听他又低低叹了口气：“彭德怀是好样的，而我……”

“老兄不必叹气了。”杨殷微笑着拍拍他的肩头，耳语道，“中央决定派你去广西……”

“是吗？”张云逸盯住对方的眼睛，笑了。他知道，此行定然是身负重任的，多年来的种种波折和变故，早就使他临危不惧。他沉吟了一下，便平静地问：“我什么时候走？”

“到时候再通知你。”

1929年初，以李宗仁、白崇禧为首的桂系军阀得到很大的发展，当时广西、湖南、湖北、江西、河南、河北等省，都是桂系的势力范围，这给蒋介石集团造成很大的威胁。蒋介石为实现独霸中国的野心，决心消灭桂系势力。这一年的3月，蒋介石调动了几十万军队直逼武汉。桂系集团也在武汉云集重兵，准备同蒋介石大战一场。蒋介石了解到桂系集团中的俞作柏与李宗仁、白崇禧之间有矛盾，在战争即将打起来的时候，他通过俞作柏策动李宗仁手下李明瑞、杨腾辉两个师在前线反桂系。于是桂系集团军队顷刻间土崩瓦解。蒋介石的军队很快控制了原属桂系势力范围的几个省。第一次蒋桂战争没有过大的战斗就结束了。桂系军阀头目李宗仁、白崇禧逃亡国外。同年7月，俞作柏、李明瑞回广西，分别就任广西省主席、广西军事编遣特派员之职。俞作柏，李明瑞在大革命时期受过共产党的影响，同

红七军军长李明瑞

李明瑞为红七、红八军总指挥。图为李明瑞在佳荣镇坤地大寨驻地——覃锡恩家

情革命。他们掌握政权后。请求中国共产党派干部来广西协助工作。中共中央为了发展广西革命力量,派邓小平为党中央代表到广西做上层统战工作和负责广西全盘工作。接着,一批共产党员通过各种社会关系陆续进入广西开展革命工作。

这年五月,张云逸从上海到达香港。在一个小报的编辑部里,他秘密地同党组织接上了头。负责同他接头的叶季壮是这家报纸的编辑。通过叶季壮,张云逸又同中共广东省委负责人黄钊、陈郁以及在中央军委工作的聂荣臻等取得了联系。他们根据党中央的指示,分析了当时广东、广西的政治形势,研究了张云逸等如何进入广西的问题。叶季壮为张云逸开了同广西党组织接头的介绍信。

6月中旬,张云逸到达广州。当时广东军队总司令陈济棠,海军总司令陈策都是张云逸的老熟人。陈济棠是张云逸广州陆军小学的老同学。陈策是海南人,辛亥革命时他与张云逸同是革命军队炸弹队队长,他们的私交甚好。一天,张云逸到广东海军司令部找陈策。陈策一听多年不见的老朋友张云逸来了,非常高兴,热情接待了他。张云逸提出他想到广西找事做,请陈策助一臂之力。陈策非常爽快地答应了他,说:"这好办,俞作柏,李明瑞我都很熟。"陈策只知道张云逸过去是张发奎的部下,但不知张云逸是共产党员。他为张云逸写了到广西去找俞作柏的信件。

7月,张云逸到了南宁,他凭着陈策的信件见到了俞作柏,并且很快就在俞作柏、李明瑞的军队中找到了立足点。同时,他跟党组织也接上了关系。在这期间,先后到达广西的共产党员还有叶季壮,袁任远、陈豪仁、袁振武、李谦,冯达飞、何世昌、宛旦平、沈静斋等。他们在中央代表邓小平(邓斌)的领导下开展统战和各方面的革命工作。

改造教导总队和警备第四大队

张云逸到达南宁后,担任了南宁军官教导总队的负责人。这个教导总队是在中共建议下开办的。不久,张云逸兼任了广西警备第四大队大队长。在中共广西前敌委员会的领导下,张云逸为把这两支旧式部队改造成新型的人民武装,采取了一系列坚定而果断的措施,做了大量的工作,使这两支旧军队的面貌在短时间内发生了根本变化。

教导总队由当时在广西的吕焕炎、杨潞辉、李明瑞几个师抽调来的班、排长组成,全队共有1000多人,建制为3个营9个连。广西警备第四大队是李明瑞回广西后收容土匪、民团、散兵游勇组成的队伍,成分复杂,纪律涣散,思想基础很差。张云逸在改造教导总队和警备第四大队的过程中,首先从掌握部队的领导权入手。在教导总队,他把广东、广西地方党组织派来的工人、学生党员大部分都安排在各连当干部和学员,9个连的连一级干部都是共产党员,排长也由思想比较进步的学员担任。在警备第四大队,由于情况更为复杂,领导权的掌握更加显得重要。李明瑞知道,大革命时期张云逸曾担任过战斗力很强的国民革命军第四军的师参谋长,为了把混乱不堪的第四大队改造成有战斗力的军队,李明瑞找张云逸谈话,请他兼任大队长。张云逸对李明瑞说:“要我担任大队长可以,我也有决心把四大队改造好,但是我有两个条件:第一,要由我提名配一个得力的副大队长协助我工作;第二,改造工作必须采取坚决、迅速的措施。”李明瑞表示同意。

党组织根据张云逸的报告。决定派李谦共产党员)任第四大队副大队长,由李明瑞加以委任。经过一段时间的努力,教导总队和第四大队总的领导权控制在我党手中。大部分连排军官和广大士兵也为中国共产党所掌握,但营一级和部分连的领导权仍为反动军官所把持,这对党的工作开展阻碍很大。为了扫清障碍,加快对教导总队和第四大队的改造步伐,张云逸按照党的指示,根据教导总队和第四大队的不同情况,分别采取“升迁”和撤换的办法,剥夺这些反动军官的实际指挥权。

教导总队共有三个营,三个营长都是思想反动的旧军官。为了排除他们对中国共产党工作的干扰和破坏,张云逸等经过研究,并得到俞作柏和李明瑞的同意,决定撤销营部,由总队直接管到连,把三个营长上调。一个营长升为上校，让他当总队的参谋长，两个营长升为中校，让他们分别担任教导总队训练处的正副处长。把这几个营长调去专门负责军事训练，表面上给他们较高的职位，实际上却是剥夺了他们的指挥权力，将他们与战士隔离开来。这几个营长虽然对工作调动有些意见，但从晋级上得到了安慰。这些反动军官与战士隔离以后，他们的反动思想和行动就无法影响战士，而中国共产党则掌握了战士，掌握了实权，可以更加顺利地开展工作。

对第四大队中的反动军官，张云逸则主要采取撤换的办法。第四大队原来有 4 个营，一个营长调去百色驻防，一个营长充当俞作柏的卫队长，而真正属于张云逸领导的只有 2 个营。这 2 个营中的营、连长大都是反动军官。如第三营营长黄玉宝抽鸦片烟，残害妇女，贪污公款，欺压士兵，无恶不作。他原在柳州拉了一帮人成立所谓“独立营”，横行乡里。俞、李执政后，他奉命把队伍拉到南宁，原想到这里来大捞一把，到南宁后，他看到升官发财的美梦无法实现，又企图拉队伍回柳州占地为王。

张云逸和李谦来到第四大队后，按照党的指示，根据士兵群众的意见，严办了黄玉宝等两个营长。连长以下的军官，除一部分撤职外，大多数被送到教导总队当学员，进行教育改造。接着，张云逸又从教导总队调 100 多名党员到四大队来，让党员何莽、符录担任营长，连长以下的军官也绝大多数由共产党员担任。这样，只用了半个月时间，第四大队这两个营就完全掌握在中国共产党手中。在旧军队里，长官的命令是足以左右一切的。教导总队和第四大队的各级领导权完全由中国共产党掌握，这就使中国共产党的意图、中国共产党改造这两支旧军队的计划，能够通过行政的命令予以实现，并且得到贯彻。

在掌握了教导总队和第四大队的领导权之后，张云逸随即在各连建立了党的秘密支部，使党组织成为各连的秘密领导核心。他要求各党支部把教育战士、争取战士作为一项日常的任务。各连的共产党员按照党组织的指示，一方面经常广泛地同所在连队的战士进行接触，了解他们的思想状况，向他们宣传革命的道理，帮助他们提高政治觉悟；另一方面，注意在群众中发现和培养一批成分好、有一定觉悟的积极分子，大胆地发展党员,壮大党的队伍。经过 2 个多月的努力,在教导总队发展了 300 多个新党员,使党员占全部总人数的 1/3。后来成为人民解放军高级将领的李天佑、卢绍武等就是在这时入党的。在教导总队发展的这批党员,后来抽调了 100 多人去第四大队。由于在第四大队发展了许多新党员,使党的力量日益增强,革命的影响在教导总队和第四大队占了上风,越来越多的人被争取到革命方面来,这就大大加快了对教导总队和第四大队的改造步伐。

中华人民共和国成立后,张云逸(右三)夫妇等为原红七军第三纵队司令员韦拔群烈士扫墓

为了做好争取战士、教育战士的工作,张云逸强调每一个共产党员都必须密切联系群众,处处做战士的榜样。他当时是一个少将衔军官,却以身作则,带头到士兵战士中去,同士兵打成一片。广西教导总队和广西警备第四大队的大队部设在南宁西郊的西乡塘,四大队第三营驻扎在市区内的江西会馆,两地相距很远。张云逸住在第四大队部,但经常深入教导总队和第四大队驻地去。晚饭后,教导总队的学员在操场做游戏,他常到操场观看,和学员谈心,和大家谈革命的道理。他还常到四大队第三营驻地,认真地看士兵的操练,仔细地纠正他们做的动作,和大家亲切地交

谈。他还亲自到士兵们住的宿舍，摸摸他们的被子，看他们盖得是否暖和，到饭堂尝尝士兵们的饭菜，了解他们的伙食情况。由于张云逸平易近人，毫无官架子，士兵们有什么话都愿意跟他谈，把他当作知己。在和士兵接触过程中，张云逸利用一切机会对他们进行教育，消除他们对革命的疑虑。他也常常在对士兵们的公开讲话和讲课中，向他们灌输革命思想，使他们心悦诚服地接受共产党的领导。

一次，张云逸到教导总队一个连队上课，他首先提出一个问题来问大家："你们说社会上哪一种人的成分多？"

学员们想了一下回答说："工人、农民多！"

接着，他又说："赞成工人、农民多的请举手！"

全连学员都把手举了起来。他对大家的回答很满意，微笑地点了点头。他通过这个方法启发和教育大家，要为工农大众谋利益。

张云逸经常给大家讲俄国十月革命的历史，启发大家认识中国必须实行革命，必须学习俄国的榜样，建立工农民主政权。为了使革命思想深入人心，他还规定了一些革命的口号，如"打倒军阀！""反对帝国主义！""实行革命外交！"等等，作为教导总队、第四大队每天晚上点名时呼喊的口号。

为了充分发动战士、开展士兵运动，张云逸在第四大队设立了士兵委员会。通过这个士兵自己的组织，对士兵进行革命的民主教育，提高他们的政治觉悟，发动他们起来跟反动军官作斗争。士兵经过发动，斗争非常勇敢。他们愤怒地揭发了黄玉宝克扣军饷、虐待士兵的罪恶行为，纷纷要求严办那些反动军官。通过士兵的这些斗争，一方面揭发了反动军官的罪行，打掉了他们的威风；另一方面，战士的革命觉悟也在实际斗争中得到提高，更加拥护共产党的主张，紧密团结在共产党的周围。

教导总队和第四大队由于工农成分不占优势，坏作风坏习气很严重。张云逸在改造这两支旧军队的过程中，除了牢牢掌握领导权和加强对学员、士兵的政治思想工作外，还十分注意从组织上增加工农成分的比例。特别是在改造第四大队的过程中，大量吸收工人、农民和进步学生参军，使部队在一个月里，就从原来的1000多人扩大到2000多人。工农成分比例的急剧增加，对共产党迅速改造和巩固这支部队，起了重要的作用。在张云逸的具体领导下,经过全体共产党员的紧张工作,教导总队和第四大队的面貌焕然一新。从而在政治上、思想上和组织上为后来的武装起义创造了条件。

百色起义:红七军的成立和右江工农民主政府的诞生

1929年10月21日,邓小平、张云逸率领部队离开平马镇,第二天,胜利抵达右江重镇百色。百色,依山傍水,风景秀丽。低矮的房舍,狭窄的巷道,隐藏在木棉树和龙眼树丛中。小城四周围绕着无边的绿色的山峰,山城前面,右江翻着碧波向东滚滚而去。它虽说是一座人口不足一万的小城镇,却犹如城门上的一把锁,控制着云南、贵州的交通咽喉,它又是右江的政治、经济、文化、交通的中心。自从张云逸率领队伍来到这里之后,这里就成了革命活动的中心和策源地。

在百色,邓小平主持召开了党委会,与张云逸他们一道,筹划武装起义和创建工农民主政府的各项准备工作。会议决定:公开在部队和群众中宣传共产党的主张,广泛发动群众,整顿、补充部队,实行官兵平等,建

百色起义旧址百色城

立士兵委员会，发扬民主，反对军阀制度，反对贪污，反对虐待士兵，组织和武装群众，在有工作基础的地方，通过地方党组织将枪支发给群众，以便开展对土豪劣绅的斗争，继续清洗部队中的反革命分子。

这次会议考虑到用教导总队和第四大队的名义不便于指挥地方政府，必须有一个公开的行政机构，决定利用旧有的督办官衔，宣布张云逸为右江督办。会后，张云逸和其他负责人一起坚决贯彻党委会的各项决定。张云逸首先行使督办职权，以行政长官的名义下发公文，在控制右江各级政权的同时，接管了财政，组织税收，把各县府的税款统统收缴到督办府。这样，一次便收到大量银元的税款，为武装起义筹集了数目可观的经费。

《右江日报》是中共广西前委于1929年11月初在百色创办的，张云逸题写了报名。图为当年印刷《右江日报》使用过的印刷机

张云逸在认真抓紧原有部队整顿工作的同时，积极招募新兵。他走上街头，亲自做宣传，他对乡亲们说："我们就是穷人的兵，专门拿枪为受欺负的穷人出气报仇！"

经过一段时间的努力，右江地区各县的革命群众运动更加轰轰烈烈地开展起来，工会、农会组织进一步壮大，群众的政治觉悟得到提高，青壮年纷纷报名要求到张督办的部队当兵，张云逸领导的队伍迅速发展壮大。右江地区的地主、豪绅对此十分仇恨。他们跑到南宁去求援，桂系军阀密令熊镐率领广西警备第三大队到右江驻防，以对付革命群众运动，妄图消灭进驻百色的这支革命武装。邓小平、张云逸等获知这一情报后，果断地决定将警备第三大队全部消灭。

10 月 28 日，张云逸以右江督办的名义，"宴请"第三大队头目熊镐到百色"商谈防务"。其时，风和日丽，秋高气爽，百色街头人群熙熙攘攘和往常一样，商店里顾客盈门，生意兴隆，码头上工人们在忙碌地装卸货物，操场上士兵们在进行着正常的操练。

这一天的上午，熊镐及随从人员按照商定的时间乘汽轮来到百色。熊镐一上岸，他那双贼眼就东瞧西望，观察周围的动静。当他看到一切正常，没有什么异样的情况时，就大摇大摆地朝着大街上走去。这时张云逸和几位负责接待的工作人员也到了。熊镐被接到我方定好的“商谈防务”地点“公兴当铺”。双方坐下交谈了一会，“招待”熊镐的宴会随即开始。张云逸及我方官员同熊镐及其主要随从在一席，双方警卫人员的酒席安排

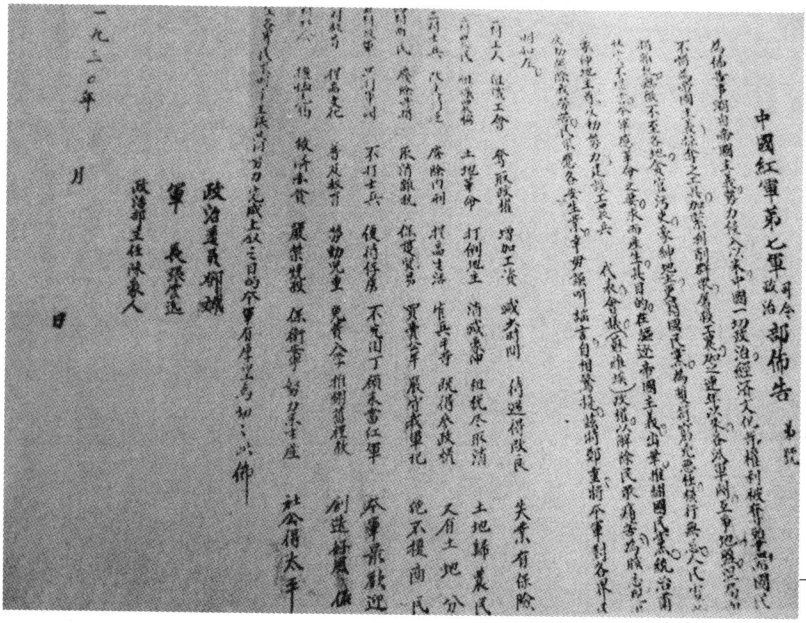
中國紅軍第七軍司令政治部佈告

政治委員 鄧斌
軍長 張雲逸
政治部主任 陳豪人

一九三〇年 月 日

红七军布告

与此同时，我党调集的奉议、恩隆、思林等县的农军，配合驻平马镇第四大队的一个营，向警备第三大队发动突然袭击，只用了几十分钟，就将驻平马镇的敌人全部缴械。第二天，张云逸又亲自带队消灭了第三大队驻扎在那坡的反动武装。智歼反动的第三大队计划的实现，粉碎了敌人妄图扑灭右江革命烈火的阴谋，为举行百色起义扫清了障碍。

11 月初，中共中央批准在左右江地区举行武装起义，创建革命根据地和创建红军的指示传到了百色。中央颁给了红七军的番号并委任了负责人。邓小平召集党委会传达中央的指示，并就武装起义的重大问题和具体部署作出决定。会后，邓小平到左江地区部署龙州起义事宜，接着又

到上海向党中央汇报工作。张云逸则领导右江地区军民完成百色起义的各项准备工作。

12月11日，正是广州起义两周年纪念日，在广西百色胜利举行了武装起义。这天一早，百色山城，欢声雷动。八方锣鼓响彻云霄，“打倒军阀”的歌声传遍街巷。四乡农会会员、农民赤卫队员手持梭镖、土枪赶进城来；工人赤卫队扛着刚领到的“七九”步枪走出工厂；学生迈着整齐的步伐，歌声嘹亮；官兵们早已在广场排成雄壮整齐的方阵。一支支人流涌往广场，霎时，广场聚集了近万人，涌动起欢腾的人潮，最引人注目的是飘扬在军部上空那一面八尺长、六尺宽的红布大旗上，绣着镰刀锤子，旗上“中国工农红军第七军”九个金灿灿的大字，在初升的阳光照耀下，光彩夺目。

大会庄严宣告在中国共产党领导下举行武装起义和中国工农红军第七军成立。宣布了党中央的任命：张云逸任红七军军长，邓小平任政治委员，陈豪人任政治部主任，龚鹤村任参谋长。军部下辖三个纵队，李谦、胡斌、韦拔群分任三个纵队的司令。接着，红七军首长高声宣布中国共产党的主张：推翻国民党反动派的统治，建立工农民主政权；打土豪分田地；废除列强在中国的特权；保护工农大众利益，开辟革命根据地。……

真是一声掷地一声雷，每一段话都被锣鼓声和欢呼声所打断。群众大会结束后，举行示威游行，穿着灰色新军装，军帽上缀着五角星、衣领上系着红带子的红军干部、战士，雄赳赳气昂昂地走上街头，欢呼起义胜利。一队队的工人、农民、学生兴高采烈地来到大街上，他们敲锣打鼓，载歌载舞，欢庆自己的解放。同一天，右江第一届工农兵代表会议在平马镇隆重召开，成立了右江工农民主政府，并举行了5万多人的庆祝大会。张云逸代表中共红七军前委(红七军成立后，部队党委改为前敌委员会)专程从百色赶到平马。大会开始，张云逸军长出现在主席台上，他用带着广东口音的普通话，宣布红七军的成立，并开始了演讲。

他说：“红七军的成立和右江工农民主政府的诞生，是工农群众的一件大喜事。红七军是工农自己的军队，是保护工农群众利益的。我们欢迎右江父老兄弟选送自己的优秀子弟参加红七军，有广大工农群众的支持,红七军一定会迅速壮大,革命一定胜利。工农民主政府是工农自己的政府,领导农民兄弟打土豪,分田地,保护工农劳苦大众的利益。现在,我们右江成立了工农自己的政府,有了自己的红军。而广西其他地区的工农兄弟还在受反动派的压迫。广西的反动派是不会甘心在右江一带的失败的。因此,我希望每一个红军战士,每一个工农兄弟,都要拥护共产党,拥护工农民主政府,要提高警惕,随时准备反击敌人的进攻,保卫我们的革命根据地!”

最后,他向大家发誓说:“咱们一定要在共产党的领导下,发展我们的力量,巩固我们的胜利!我们一定要把红旗插到全中国去!”

他那坚决有力的话语,激起了听众一阵阵暴风雨般的掌声。那面带微笑的神情,那泰然自若的举动,令人难忘。他讲完话后,代表中共红七军前委,把包着红布的工农民主政府的一颗大印交给右江工农民主政府主席雷经天。

百色起义的成功和红七军的诞生,标志着创建左右江革命根据地的良好开端。它给广西反动派以沉重打击,给灾难深重的广西各族人民带来了希望。它是在广西这块富有悠久革命历史的土地上,继金田村起义开始的太平天国革命运动之后,又一次轰轰烈烈的最广泛最彻底的革命运动。邓小平、张云逸在这一革命斗争中,建立了不可磨灭的伟大功绩。

隆安保卫战

1930年2月4日,由桂系亲信师长李琪担任总指挥,纠集了国民党护党救国军第八路第七军第二师的杨俊昌团、覃兴团和广西警备第二团(团长蒙志仁),以及总部特务营(营长岑建英),共32个连3000多人,气势汹汹,杀向隆安。

百色。红七军军部。

“报告军长，下午3时，敌人向我前线城镇隆安发动突袭。”通讯员的报告在平日喜气洋洋的军部里传来，特别刺耳。

张云逸问道：“敌人多少兵力？”

“敌人出动精锐部队杨俊昌团、覃兴团等，约4个团的兵力。”

张云逸心头一紧：红七军在隆安只有第一纵队队部和一个营的兵力。敌众我寡，力量悬殊！

“现在战况如何？”张云逸焦急地问道。

“战斗于下午3时打响。我第一纵队长李谦亲自率领部队投入战斗。我军指战员同仇敌忾，英勇顽强，打退敌军正面、侧面多次冲锋。激战两小时，敌军伤亡惨重，收兵败退。”

1930年3月，红七军在凤山县盘阳乡召开前委会，总结经验教训。图为盘阳地形

一纵队退敌的消息并没有使张云逸轻松下来，他转身在军用地图前停下来，指着地图上的两块高地说道：“隆安两侧高地老寿山、牛眠岭地形险要，告诉李谦提高警惕，防止敌人夜间和拂晓再次突袭。电告总指挥李明瑞，隆安告急，速派兵驰援。电令第三纵队长韦拔群带兵向平马集结。直属教导队、机关枪一连、特务连一排、机关人员和百色工人赤卫队留守百色，其余人员随我增援前线。”

命令既下，大家分头行动。

不出张云逸所料，5日拂晓，敌人以一个团兵力向老寿山、牛眠岭发动进攻。红军指战员利用有利地形展开还击，打退敌人多次进攻。敌人不甘失败，上午9时，又派一个团兵力向老寿山、牛眠岭发动进攻。由于敌众我寡，山头被敌攻占。

红七、八军总指挥李明瑞接到张云逸的告急电后，连夜从左江率领第一纵队第二、三营、军政训练处和思林、果德的农民赤卫军等共700多人，驰援隆安。张云逸和第三纵队长韦拔群率部在平马镇会合后，也赶往隆安加入战斗。

李明瑞命令第三营直插城东门外，自己亲率部队与敌争夺老寿山、牛眠岭。官兵奋勇冲杀,终于夺回城南老寿山、牛眠岭前哨阵地。

第一纵队第三营与敌杨俊昌团在城东门昼夜激战,敌人陈尸遍地。

张云逸和韦拔群率队加入战斗后,红军士气大增。敌军蒙志仁团和岑建英营几次被红军冲散,敌军大有不支之势。

7 日凌晨,敌军预备队覃兴团的一个连绕道登上城西制高点。敌我双方展开血战。张云逸、李明瑞率领红军用手榴弹击退敌人五次冲锋,给敌人以重大杀伤。

战斗持续到上午 9 时,敌军大部增援部队疯狂杀来,开始占据优势。

严峻的形势摆在张云逸面前：继续战斗还是有步骤地撤退?张云逸和李明瑞商定,保存红军实力,避免无谓的消耗,部队向恩隆撤退。

隆安一战,张云逸和李明瑞指挥红军,以不足两个团的兵力,抗击敌军三个团一个特编营,苦战三昼夜,毙伤敌军 500 多人,充分显示了红军英勇顽强的战斗精神,给不可一世的敌军以沉重的打击!

撤出战斗后,张云逸、李明瑞率部队驻扎于平马镇附近的山地。

广西军阀部队的特点是：打败仗的时候,拼命地逃跑;胜利的时候,拼命地追击。当张云逸等率领红军向恩隆方向撤退时,敌人紧紧尾随于后,企图与红军决战。进入恩隆县境后,敌军乘机侵占了平马镇。这时侦察得到情报：敌军在平马仅有一营人留守。

张云逸和红七军前委决定：反攻平马,给敌军以有力打击。红七军以教导队为主力,配合地方赤卫队,对平马镇之敌发起猛烈攻击。

战斗一开始,张云逸就密切注视战场的情况,发现我军多次强攻,均毫无进展。

原来侦察有误。敌人驻守平马的不是一个营,而是覃兴整整一个团的兵力!

张云逸决定改变战术：先围攻驻平马城外马鞍山的敌军据点,诱敌出城增援，再围而歼之。

红七军对城外马鞍山敌人据点发动进攻，迅速打垮敌军一个营。攻城先头部队乘机冲到了城边的牛行街。

这时，敌军杨俊昌团从南岸渡河增援而来，对我军形成包抄之势。

在此紧急关头，张云逸立即下令："迅速撤出战斗，向恩隆县北部山区转移。"

战斗下来，不少战士身负重伤，需要用担架抬往后方医疗站治疗、抢救。农会组织青壮年农民组成临时担架队。抬担架，不单要力气，还要技术。百十斤的大个子往担架上一躺，两个人抬着，上山下山，走弯弯曲曲的小路，不容易。上山前高后低，下山前低后高。前面的走急了，后面的要跌跤；前面的走慢了，被后面的推得踉跄。最难是转弯。后面的看不见路，一不小心，就可能跌下山去。

张云逸和通信员牵着马，正行走间，看到前面抬担架的小伙子转弯时没经验，被担架一摆就摔了出去。

他忙抢上一步扶住，笑着说道："转弯时要慢点，最好前面喊一声，后面的应一声，有个准备。"又看看这两个小伙子，"看来你们没抬过担架吧？"

"不怕您笑话。我们这是大姑娘上轿，头一回呢！"前面的小伙子答道。

"哎哟，哎哟。"后面的小伙子哼着蹲下来。刚才转弯时不小心，把脚扭了，脚背已肿了起来。不要说抬担架，就是走路都困难。

张云逸对通信员说道："小张，来，把这位同志扶上马。"通信员道："那您呢？"

"我顺路把担架抬到红医站去。"张云逸道。"不行，我来吧！"通信员道。

"不，你还要送信。你快走吧！"

通信员没有办法，只好和那位小伙子骑马先走了。"怎么他叫你老大？"小伙子问道。张云逸摸摸自己的络腮胡子，笑道："他们这些年轻人，见我长着一大把胡子，都说我年纪大，所以，都叫我张老大。你也这样叫我吧！"

小伙子见张云逸和蔼可亲,就和他一起抬起担架来。“你这么大年纪了,在部队是个什么官?”

“我不是官,而是一个兵。”“你是什么兵?”

“猜猜看!”

“我看你像个伙头兵。红军我见得多了,伙头兵,差不多都是年纪大的!”

张云逸笑一笑:“不论干什么,都是干革命嘛。我现在又成了担架兵了!”

说话间,开始下坡。

张云逸看到前面小伙子步伐乱了,就问:“你们抬过轿吗?”

“轿子,我们差不多个个都抬过。”小伙子答道。

“你们抬轿子的时候,脚步乱不乱?”

“不乱。我们唱山歌,跟着歌挪步呢!”“现在你为什么不唱呢?”

小伙子恍然大悟:“真笨!我怎么连这一点都忘了呢?”于是开口唱起来:斧头不怕硬丝架,红军不怕反动派。豪绅地主威风倒,各地建立苏维埃。张云逸也跟着一起唱。唱着唱着,脚步齐了,肩上也轻松了,一下子就到了山脚。

他们在山下小溪旁停下,太累了,小伙子跑到溪边去喝水。张云逸摘了一枝大树枝,插在担架上。手里拿着一小枝树叶,帮伤员赶蚊子。又伸手把爬到担架上的蚂蚁一只只捏死。张云逸告诉小伙子:“不能让蚂蚁爬伤口,否则伤口会化脓。”

休息了一会,接着赶路。这次换了个位置,张云逸抬前面,小伙子抬后面。

一边走,小伙子一边说:“老大,我看你莫去做伙头军了,来领导我们担架队吧!”

“恐怕不行吧,我有我的工作。”张云逸说。

"我帮你去跟张军长说，他最听我们农会的意见了。"

"你见过张军长吗？"

"见过！乡里开苏维埃大会，他来讲过话。年纪轻轻的，30多岁，精神得很，一根胡子也没有呢！"小伙子听到前面的张云逸笑起来，忙说道，"哪个哄你是狗崽！他还发烟给我们抽呢！"

说着笑着，到了医疗站。通信员小张陪着医疗站的站长来了。站长走到张云逸面前，敬了个礼，"报告军长，伤员全部转移完毕。"

老大就是张军长！

小伙子吓了一大跳，结结巴巴地问："你不是讲你是一个兵吗？"

"军长也是普通一兵嘛！"张云逸见小伙子摸着下巴，笑着摸摸自己的络腮胡子说："打仗，没工夫刮。好，担架员同志，谢谢你了！莫忘了，转弯时，要喊一声啊！"

1930年3月，张云逸率领红七军东渡红水河，占领河池。图为红水河

2月底，红七军进到恩隆县的燕垌、亭泗(今巴马县境)地区，与袁任远率领留守百色撤退下来的红七军第二纵队第二营会合。

张云逸、李明瑞商定，向东兰、凤山革命根据地进发，与韦拔群领导的第三纵队汇合。

黄昏时分，红七军靠近亭泗时，遭到了迂回之敌蒙志仁团伏击。红七军立即展开还击。战斗序幕拉开了。很明显，敌人是要阻止红七军向东兰、凤山根据地进军。

天阴沉沉的，淅淅沥沥地下着小雨。

张云逸和李明瑞立即赶到前沿阵地观察，看到左前方有一个山头，随即派出两个连迅速抢占这个制高点。

这个山头，当地群众称为“马嘴”，控制着通往东兰、凤山的要隘，位置颇为重要。

红七军刚上到山腰，敌人也从山那边上来了。战士们居高临下，狠狠打击敌人。敌人几次冲锋，都被打退了。敌人见正面久攻不破，改从侧面进攻。由于红七军辎重、物资在侧面来不及转移，损失较大。有些战士急乱中陷到泥田里，跑不动，被敌人杀害了。张云逸及时调动火力，支援侧面，终于打退了敌人。一场激烈的争夺战之后，战场上出现了片刻的宁静。凤山县委组织后勤支前队送来了饭菜。战士们匆匆吃了几口饭，又回到阵地上。不到10分钟，敌人再次发动进攻，密密麻麻地顺着山坡爬上来。等敌人靠近，指挥员一声令下：“打！”顿时枪声大作，火光闪闪，敌人一个个应声倒下。敌军在红军顽强打击下，溃散开去。

张云逸和李明瑞分析形势。红七军目前任务不是消灭敌人，再加上红七军力量薄弱，敌我悬殊，因此不能恋战。决定入夜前撤出战斗，向盘阳转移。敌军受到沉重打击，更害怕深入根据地会遭到伏击，再不敢贸然追击，只好鸣金收兵。张云逸、李明瑞率领红七军主力撤出亭泗，经过两天两夜的急行军，到达凤山县盘阳区赐福乡(东兰、凤山交界处，今巴马县)。盘阳是西山山麓的一部分。山多，石头多，土地少。周围几百里都是深山老林，山势陡峭，道路崎岖，易守难攻。同时，这个地方又是老根据地之一，经过韦拔群领导的地方组织的工作，开展了土地革命，豪绅地主被打倒，农民分得

1931年2月，红七军进入乳源县梅花镇，欲创建粤北革命根据地。图为乳源大峡谷

了田地，农民武装和乡村革命政权已经建立起来。张云逸和红七军前委商量，决定在盘阳进行休整，总结作战的经验教训，研究以后的作战方针。

这天，阳光明媚，百鸟鸣唱。红七军前委会议在这里召开。

“隆安战斗，我军虽然给敌重创，但自己损失也很惨重。我军之所以失利，客观上的原因是敌人强大，我军弱小；主观上，我们麻痹轻敌，缺乏戒备，侦察情报不准确。直到敌人兵临城下，才仓促应战。”张云逸分析道，“而且在战斗中，又采用了不利于我军发挥自己优势的阵地战，与强大的敌人拼消耗。”

“我赞成云逸同志的意见。我军刚刚建立不久，各方面都还不成熟，敌我力量悬殊，特别是南宁一带，是敌人反动统治的中心，兵力强大。我们向南宁发展，成功可能性极小。从战术上总结，我军应从阵地战转为游击战，到敌人统治力量比较薄弱的地方去活动。”陈豪人道。

有人提出：“现在我们地处深山，远离城镇，筹粮困难，弹药缺乏。这样下去不饿死也要困死。不如跳到白区去打他几个胜仗。这样一来，给养和弹药问题就不用犯愁了。”这一主张马上遭来反驳：“跳，怎么跳法？远离根据地作战，失去后方的支援，肯定要失败。我主张在根据地周围开展游击战争，保住和伺机扩大根据地。缺乏给养，我们可以打土豪！”“贵州、云南边界敌人兵力空虚，我们可以向西发展，拉长线作战。”有人提议。

经过充分酝酿和讨论，张云逸决定：避开敌人主力的锋芒，在游击战争中消灭敌人，武装自己。第一、第二纵队到广西、贵州边境开展游击战争，扩大红七军的政治影响。第三纵队留守东兰、凤山，坚持根据地的斗争，保卫后方，并等候与红八军取得联系。

会后，军部和第一、第二两个纵队立即行动，向河池方向进发。红军主力走后，地方党组成了特别委员会。陈洪涛任书记，委员有韦拔群、雷经天、黄治峰等人，领导人民坚持对敌斗争。1930 年 3 月底，张云逸、李明瑞率领红七军第一、二纵队东渡红水河，兵临河池城下。河池只有少数地主武装，听说张云逸率主力红军到达，闻风而逃。我军轻而易举占领河池。

“攻下榕江城，纪念五一节。”

1930年2月，张云逸率红七军第一、二纵队共3000余人，从广西河池县出发，占怀远、入贵州、过苗山，抵达榕江县。

地处黔东南的榕江县城是贵州军阀王家烈的后方，囤积着许多军需品。我军通过对捕获的两个敌人流动哨兵的审讯，得知王家烈把他的全部兵力都拉到前线，与湖南军阀何健为了争夺地盘在湘黔边境激战，这里只有敌军一个副师长带领600多名武装人员在防守。敌人的兵力空虚，这对我军攻占该城十分有利。

4月30日清晨，我军到达榕江城外围。向城外山地的守敌发起进攻，敌人向城内溃退，我军乘胜前进，立即攻城。榕江县城依山傍水，易守难攻，高高的城墙全部都用大青石块砌成。我军的猛烈攻势，使城里的敌军陷于一片混乱之中，他们紧闭城门，仓促登城应战。军部决定：派第一纵队一营抢占城后山头，截击企图从城后出来夹击我军的敌人，由张云逸军长和李明瑞总指挥率领部队负责正面攻城。战斗在激烈地进行，枪声、炮声、军号声和喊杀声震撼四野。我军指战员前仆后继勇猛攻击。敌军凭借坚固的城墙和优良的武器装备进行顽抗。由于我军缺乏攻城器材，武器弹药少，连攻3个小时仍未攻下该城。对敌人的偷袭变成了强攻。这时，一个难题摆在我军的面前，打下去还是不打？继续攻城困难很多，敌军已有了准备，工事不断加强。城攻不下，一大批伤病员得不到及时治疗，弹药消耗得不到补充，部队的士气要受到影响。今后的作战将要发生更大的困难。

张云逸军长同军部其他负责人深入第一线，发扬军事民主，听取部队指战员的意见。在最前线指挥战斗的第一纵队司令员李谦说：“据我观察，敌人兵力不多，战斗力不强，只是凭借工事困守而已，而我们部队的战斗情绪仍很旺盛,个个有攻下榕江的决心,只要有攻城的工具,取胜是不太困难的。”他建议要继续攻城。张云逸对敌我双方力量作了正确分析,充分考虑到我军干部战士政治觉悟高,士气高涨的优势和敌军的根本弱点,同李明瑞一起,批准了李谦的建议,下了“非攻下榕江不可”的决心。军部提出了“攻下榕江城,纪念五一节”的战斗口号。

全体指战员按照军部的指示,利用战斗的间隙时间,加紧从政治上、军事上、技术上作好重新攻城的准备。下午5时,军部下达了攻城命令,我军向城墙上的敌人发起猛烈进攻。攻击部队在密集的枪炮声的掩护下,带着云梯、大竹钉迅速出击,向城墙缺口处冲去。敌人也集中火力向我军扫射。我军指战员不怕流血牺牲,在敌人的枪林弹雨中奋勇向前。但是由于城墙太高,敌人的火力太猛,我军的登城努力再次受挫。

张云逸和李明瑞亲临前线指挥作战,及时总结经验教训,选择敌人的薄弱环节作为我军再次攻城的突破口。抽调12名战斗经验丰富的老战士组成攻城突击队。第二次攻城战斗开始,张云逸、李明瑞命令加强火力,掩护攻城部队登城。攻城战士再次勇猛地冲到城墙下,有的借助云梯往上爬,有的用大竹钉钉进城墙的砖缝中,再踏着竹钉爬上去。经过激烈的反复争夺,我军一部分指战员终于登上了城墙。接着,许多战士也登上了城墙,我军战士随即在城墙上同敌人展开肉搏战。经过10多分钟搏

1930年4月底,红七军秘密抵达贵州榕江县城附近。图为榕江县城村落

斗,敌人纷纷溃退。随后我攻城先头部队大部分都登了城,他们打开城门,主力部队迅速冲进城去。经过1个多小时的激战,我军就完全占领了榕江城。

5月1日上午,红军在榕江城召开了万人群众大会纪念"五一"国际劳动节。张云逸军长在大会讲话。他首先讲明纪念"五一"劳动节的意义。他说:"五一节是全世界劳动人民的节日,是工人、农民争取解放的节日,劳动人民要得到翻身解放,必须团结起来进行斗争。"接着他向到会群众阐明中国共产党的性质和奋斗目标。他说:"中国共产党是工人阶级的政党,是为劳动人民的翻身解放而斗争的政党。中国共产党当前的奋斗目标是反对帝国主义,反对封建主义,推翻国民党的反动政权。中国工农红军是中国共产党领导下的革命军队。我们工农红军的主张是:在城市,实行废除苛捐杂税,减轻人民负担,保护商业交通,买卖公平的政策;在农村,实行土地革命,没收地主土地,分给贫苦农民。"张云逸的讲话使榕江的工农大众受到很大的鼓舞,使他们看到了自己的希望。纪念大会之后,红七军将从官僚、地主那里收缴来的粮食、衣服分给了榕江的贫苦人民。人民伸着大拇指,称赞红军是穷人的队伍,政治热情空前高涨,纷纷报名参加红军和赤卫队,红七军的力量空前壮大。

我军在榕江战斗中,歼灭敌人500多,缴获电台一部,大炮数门,步枪600支,子弹10万多发,以及无数军用品,筹集了上万元军饷。这次战斗的胜利振奋了我军的斗志。

百色山花二度开

红七军在榕江城休整了3天。张云逸军长同军部其他领导人认为,我军在桂、黔边境的游击战争中歼灭了大量敌人,补充了武器装备,解决了部分军费,扩大了我军的政治影响,预定的目的基本达到。同时,也考虑到榕江是贵州军阀王家烈的后方供应点，他绝不会轻易让给别人，我军久驻榕江不是良策，决定迅速撤出榕江，回师右江。

5月中旬，红七军主力经河池返回东兰县。邓小平、张云逸等在武篆区魁星楼召开军前委扩大会议，作出收复百色和右江沿岸各县的决定。6月初，张云逸和李明瑞率领红七军第一、二纵队开赴百色。

部队出发的那天早上，天空灰暗，阴云密布，雷声隆隆，眼看一场暴风雨即将来临。然而，红七军战士的革命意志并没有因为恶劣的气候条件而受到丝毫的影响。“消灭敌人，收复百色”的战斗目标鼓舞着每一个指战员，大家奋力向通往百色的高山攀登。先头部队刚刚到达山顶，突然狂风大作，电闪雷鸣，瓢泼大雨从天而降。广大指战员顶风冒雨在崎岖的山路上艰难地行进。

“军长，快给我！”在淅淅沥沥的雨声中，从队伍的后面传来了一个战士急促的呼喊声。大家回头一看，只见张云逸军长正扛着一枚迫击炮弹，大步地走上山来。他没有雨帽，也没有雨衣和雨布，头上只戴那顶他常戴的军帽，浑身湿淋淋的。部队在准备出发时，张云逸一再强调要把武器弹药带足，他认为多带一发炮弹，在战场上就可以多杀伤一些敌人。部队开拔时，他扛起那枚炮弹同大家一起行军。在雷鸣电闪的暴风雨中，战士们生怕把自己的军长淋坏了、累伤了，多次催促军长避一避雨，把炮弹交给他们扛。可是张军长说什么也不肯。这一次，他又温和地回答：“走吧！同志们。”

“不，军长，还是我们扛吧，我们比你年轻！”这时已有几个战士围在张云逸的前前后后，伸手争着向他要炮弹。

“走吧，走吧！扛一颗炮弹算不了什么的。”张云逸微笑着回答他们，还是不肯把炮弹让给战士。

这时，走在半山腰的战士们都停了下来，大家都要求把张军长的炮弹交给他们来扛。一个挑着炮弹的运输兵刚从山下上来，也哀求着说：“军长，给我吧，我挑得起的。”

“不，还是我来，你快些上山吧！”张云逸和蔼地对运输兵说。站在旁边的那几个战士又争着要军长把炮弹交给他们扛。

张云逸激动地对大家说："同志们，谢谢你们的好意！你们的负担已经很重了。这个炮弹等我运到百色后，一定给你们拿去狠狠地打击敌人。革命工作是很艰苦而伟大的事业，这一点风雨算得了什么？大家走吧，争得时间就是胜利。我们要以最快的速度赶到百色去，出其不意，给敌人以狠狠的打击！"

张云逸的话温暖了战士们的心，鼓舞了大家战胜困难争取胜利的勇气。大家紧跟着张云逸在大雨中继续前进。"我们一定要收复百色！""坚决消灭敌人！""共产党万岁！"的口号声此起彼伏。部队以更快的速度向前推进。翻过一座大山后，雨过天晴，大地重现光明。

百色，原是红七军军部驻地，是右江革命的指导中心。二月间，百色被敌人占领后，这里成了桂系军阀在右江的一个反革命大本营。城里驻扎有桂军岑建英一个团和税警队、民团等1000多人。百色城里一片白色恐怖，共产党员、工会骨干、赤卫队员和红军家属惨遭敌人的杀害，人民群众在百色起义后所获得的一切民主权利统统被剥夺殆尽。百色城内外炮台林立，碉堡密布。红七军指战员对敌人在百色的暴行恨得咬牙切齿，决心为死难的战友和人民群众报仇！据侦察了解，百色1000多敌人部署的情况：岑建英团主要布防在长蛇岭炮楼至北胜街一带，这是敌人布防的重点，该团武器装备好，税警队、民团等布于观音堂一带。城内各街头、战略要地，布满了大大小小的明暗碉堡。

张云逸和李明瑞根据敌人的兵力分布情况，制定了我军的攻城计划。决定红七军第一、二纵队进至永乐后，分三路攻城：一路从东蚕过牛坡，直取大西门后，到较场圩；一路从东坪攻入长蛇岭后，直进北胜街，冲向较场圩；一路自羌园城下南阁亭，经观音堂、大码头、二码头，直奔较场圩。三路进军部队从东面、东北西、西面三个方向切断敌人的退路，形成对百色城的包围。

红七军第一、二纵队经过几个小时的急行军，在当天下午到达百色城外后，按照军部的统一部署进入阵地。6月的百色，骄阳似火，烤得人喘不过气来。然而，指战员们个个精神抖擞，斗志昂扬。大家忘记了长途行军的疲劳，马上投入紧张的战斗准备工作。收复失地的决心鼓舞着每一个红军战士。不久，张云逸军长一声令下，攻城战斗开始了！我军的山炮、迫击炮、机关枪、步枪一齐向敌人的阵地开火，红七军战士在炮火的掩护下手持钢枪，勇猛地向敌人冲杀过去，刹时，军号声、枪炮声、喊杀声震撼城池原野。

第一纵队从百色东南向敌人发起进攻，我军的猛烈攻势，使守敌伪税警队和民团陷入一片惊慌混乱之中，他们胡乱地放了一阵枪后，就纷纷夺路逃命了。我第一纵队顺利地占领了观音堂一带。与此同时，我军第二纵队的指战员也在东北面向敌人发起了进攻。经过激烈的战斗，我军歼灭了大量敌军，胜利地摧毁了敌人城外的据点，将敌人压到碉堡里。接着，我军又攻破了敌人的许多小碉堡。红军侦察人员已进入百色城内。但是，当第二纵队第一营攻到长蛇岭脚下时，突然被山上一个大碉堡喷出的密集火力封锁住去路。这个大碉堡用钢筋水泥筑成，有40多名敌人驻守，配置数挺机枪以及几十支步枪，10多个火力点，并形成两层火力封锁网。碉堡位于长蛇岭两面，它居高临下，可控制百色城内及周围几个山头，四周坡陡草深，易守难攻，是敌人的“核心工事”。敌人凭险据守，疯狂向我军射击。我第二纵队的前进受阻。

摧毁敌人的这个大碉堡，成了收复百色的关键。我军集中兵力进行长蛇山攻坚战，各种轻重武器同时向敌人的阵地猛烈射击。敌团长岑建英为了作拼死挣扎，也不断向长蛇岭碉堡调集兵力，并亲自到碉堡内督战。由于敌人占据有利地形，我军的多次强攻，均未奏效。战斗持续到第二天下午，碉堡仍未攻破。这时我军伤亡越来越大，弹药也越来越少。如果天黑以前再攻不破这个大碉堡，晚上敌人重新部署兵力，加强工事，我们就更加被动了。

为了赶在天黑之前拿下大碉堡，扫清我军进入百色城的大障碍，张云逸军长冒着敌人的枪林弹雨，从敌碉堡的侧面爬上长蛇岭，到离敌500米远处去观察敌情。然后在现场召开军事会议，制定新的作战方案：第一，加强攻坚力量，调第二纵队第二营到第一线参加攻打大碉堡的战斗；第二，用山炮将敌碉堡摧毁；第三，调一个步兵排埋伏在离敌碉堡200米的死角处，听号令发起攻击。由于只剩下3发炮弹，必须做到弹无虚发，才能保证战斗的胜利。为此，张云逸和李明瑞决定将一门山炮移到离敌人500米的山头，不用曲射，实行水平射击。

第二营营长冯达飞接到军部的命令后，立即指挥炮连战士把炮往山上运。大家扛的扛，推的推，沿着陡峭的石山路，克服重重困难，终于把山炮搬上了长蛇岭西北面的山顶。攻击部队一边打，一边以最快的动作跃进到指定的地点埋伏。当山炮在指定的位置安装好后，张云逸、李明瑞等首长马上围到山炮前，作射击前的最后检查。李明瑞总指挥亲自测定距离，校对瞄准器，下达开炮的命令。“轰隆”一声巨响，第一发炮弹打响了。只见敌碉堡火光一闪，烟尘腾空而起，碉堡被炸开一个大口。我军士气大振，炮手接连射出第二、第三发炮弹，都击中目标。敌人被炸得死的死、伤的伤，乱作一团。我预先埋伏在敌碉堡附近的攻击部队，在第三发炮弹射出后，一跃而起，往前冲去，迅速拿下了长蛇岭碉堡。敌人丢下10多具尸体，残敌狼狈逃向城内。

长蛇岭的敌碉堡被攻破后，城里的敌人惊恐万状。我红七军第一、二

红七军经过艰苦的努力，创建了右江苏区。图为朱德、彭德怀、陈毅（二排左6、5、7）与红七军部分干部于抗日时期在延安合影

纵队乘胜前进,按照张云逸、李明瑞预定的作战计划,分几路冲入城内,同敌人展开激烈的巷战。经过短时间的交火,敌人纷纷溃退。一部分逃过河,一部分当了俘虏,敌团长岑建英,当我军第一炮打中长蛇岭碉堡时,即慌忙逃离战场。我军进入百色城后,他马上易装坐小船逃跑了。晚上10时,战斗完全结束,我第一、二纵队在校场圩胜利汇合。全体红军指战员为经过艰苦奋战取得的胜利欢欣鼓舞。这一仗,共歼敌600余人,缴获枪支500多支,迫击炮2门,子弹4万余发以及其他战利品。

第二天,百色城里阳光灿烂,红旗招展。为庆祝红七军收复百色的胜利,家家户户插上五彩缤纷的小旗。工人、学校师生、居民、商人纷纷走上街头,敲锣打鼓,鸣放鞭炮,欢庆百色的第二次解放。张云逸军长一早就深入到街道向各界人士问好。他对工人们说:"前一段时间你们受苦了,现在你们又获得解放了!"他对工商界人士说:"你们受惊了,红军回来就好了,请你们像过去一样,照常开门营业。"

红七军战士有的和乡亲们倾诉离别之情,有的在街头巷尾张贴革命标语,有的和工人赤卫队员一起巡逻值勤……整个百色城到处呈现一派节日的欢乐景象。

第四章　七千里的千难万险

★军长把仅有的一套衣服给了苗胞

★石头硬，还是水硬

★黄挪潭苏区击溃胡凤璋

★湘赣边区奇兵胜陶广

★“好一支铁打的队伍。”

朱老总听说红七军一路的挫折和苦战之后，由衷地感叹道：“好一支铁打的队伍。忍饥受冻流血牺牲，竟能转战七千里。跨越五个省区，了不起啊！”

毛泽东代表中共中央革命军事委员会，亲手将一面大红锦旗授予代表红七军的张云逸。旗上绣着金光闪闪的四个大字：“转战千里”。

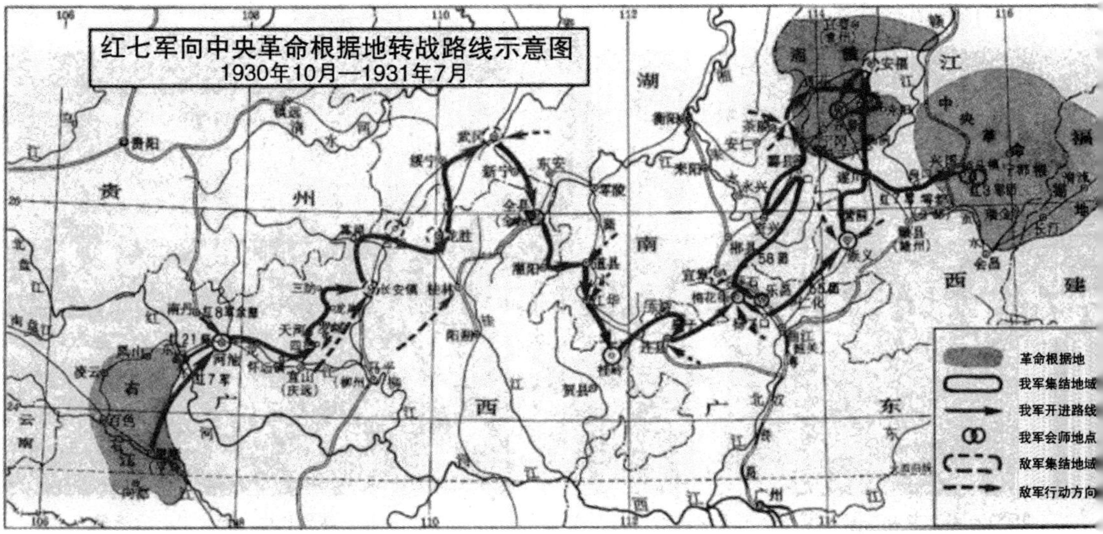

红七军向中央革命根据地转战路线示意图

军长把仅有的一套衣服给了苗胞

1930年，主持党中央工作的李立三同志，推行脱离实际的“左”倾路线，强令各地红军执行其冒险计划。红七军在攻打四把、长安等战斗中遭受重大损失。红七军前委经研究，果断放弃了攻打大城市的计划。12月上旬，张云逸和李明瑞率领红七军撤出长安战斗后，立即率部向大苗山进发。

这一天，天刚蒙蒙亮，指战员们还没吃饭，就出发了。部队沿着一条弯弯曲曲的羊肠小道向上攀登。林深草茂路窄，给行军带来很大的困难。战士们常常要拨开面前半人高的草来寻找继续前进的道路。经过十来个小时的行军还没有见到一户人家，也没有看到一点炊烟。这时，大家又累又饿，每迈一步都很吃力。

黄昏时分，部队才遇到一个叫黄奈的小村子，这是一个苗族同胞居住的小山寨。全村只有七间茅屋，屋梁上悬着一串串的谷穗子。由于长期遭受汉族地主、官僚的欺压，苗胞对汉人有严重的对立情绪，村内的苗胞在红军到来之前，大多数都躲进了山林。

到达黄奈村的部队越来越多了，红七军直属队、十九师、二十师都来了。大苗山安静的山谷，顿时人喊马嘶，热闹非凡。大家都指望在这里做饭吃，喂牲口。军部的李副官和打前站的各单位的副官，司务长，一起向军长这里跑来。他们报告：“部队吃粮困难，没有现成的米，只有谷子。”张云逸军长听了大家的报告后，马上找来了军部负责筹粮的黄立丰同志，对他说：“同志们的吃饭问题要解决，再不能让大家挨饿了！”并且再三叮嘱，只能动用每家3/5的谷子，按市价付款。要尊重苗族同胞的风俗习惯，严格执行部队纪律。

各部队按照军部指示，征购了苗族同胞的谷子后，各班派人利用苗族门外的石臼、木杵，甚至用脚舂米。由于人多谷子少，吃干饭是不成的，只能煮稀粥吃。这一顿晚餐，每人分得半碗稀粥。虽然吃不饱，但大家都没有什么怨言。每个红军战士都懂得，我们绝不能把苗胞的粮食都买光，

红七军经过的苗山村寨

要为他们今后的生活着想。天黑下来了,战士们坚决执行军部命令,在村寨外面搭棚子露宿,谁也没有随便进寨子去。部队还派出一些战士用稻草搓成绳子,替苗胞拴紧屋门。大家刚刚躺下来,突然传来了一群群大牛小牛的叫声,原来是苗胞没人看管的牛群自动回到村边来了,红军战士又从露宿的棚子里爬出来,把牛牵进牛栏去,喂饱了这些牛。

夜深了,万籁俱寂,战士们都已经先后入睡。然而,忙碌了一天的张云逸军长此刻仍然没有休息,他在看望露宿在村里村外的红军战士,看望那些仍然留在寨子里的苗族同胞。深夜的山区变得格外寒冷。忽然,一阵西北风嗖嗖地袭来,冻得张云逸军长浑身颤抖。跟随在张军长身后的警卫班长小孟和警卫员小朱也冻得把脖子一缩,直打哆嗦。

张军长带领小孟和小朱来到一个苗胞家里时,只见几个人团团围着一堆火,他们都衣不蔽体。原来他们太穷苦了,连妇女也没有衣穿。一位10多岁的姑娘,用一张破烂的草席围住身体。在这寒冷的冬夜,他们只能靠火塘取暖,靠围在火堆旁来过夜。张军长看到苗胞们的这种困苦的情景,心里非常难过。他马上叫警卫员小朱把他自己仅有的一套衣服拿来,送给苗胞穿。苗族同胞个个被感动得热泪盈眶。开始,他们不敢接受张军长送的衣服,张军长耐心地对他们进行解释,说明我们工农红军是劳动人民的军队,是苗胞自己的队伍,是一家人。经过反复的解释,苗胞才将衣服收下。一位白发苍苍的老人说:"我活了几十年还没见过这样好的军队,这真是我们穷人的队伍呀!"

屋外北风呼呼,屋内炉火熊熊。这一天夜晚,张军长同苗胞一起围火取暖,给他们讲解革命道理,把希望的种子播入他们的心田。第二天一早,张军长把自己仅有的一套衣服送给了苗胞的事,很快就在部队中传开了。许多红军指战员也都以自己敬爱的张军长为榜样,把自己的一些衣服送给了贫苦的苗族兄弟。

部队马上又要出发了,这时,原来逃出去的苗胞纷纷返回黄奈村。他们怀着依依不舍的心情来给工农红军送行,他们祝福红军多打胜仗,多消灭敌人,祝福红军战士一路平安。

石头硬,还是水硬

红七军穿过大苗山,于12月中旬到达富禄镇。广大红七军战士从河池出发以来,革命热情很高,斗志旺盛,他们作战勇敢,不畏艰险。但是,四把、长安没有打下来,部队的情绪受到很大的影响。有的战士议论说:"离开右江以来,还没打过一个漂亮仗……"军首长及时发现和分析了部队情绪的变化,并决定利用在富禄镇作短期休整的时间,召开军人大会,进行思想教育,以稳定部队情绪,鼓舞士气。

一天,张云逸军长集合队伍讲话。战士们整齐地坐在一个大广场里。张军长个子不高,但满面红光,身体健壮,精神抖擞。讲话一开始,他首先提出了一个问题让大家回答。他说:"同志们,你们说,是石头硬,还是水硬?"这句问话,一下子把许多青年战士问住了。战士们一个个你看看我,我望望你,不知如何回答是好。过了一会儿,会场上开始活跃起来,大家开始低声议论。一个小战士推了推坐在他旁边的班长,咧着嘴笑着说:“石头硬嘛!你站起来说呀,你就说石头硬。”还未等这位班长开口,许多战士已经大声喊起来了:“石头硬,是石头硬……”随后,会场上响起了一阵笑声。

这时,张军长微笑着,右手不停地抚摸着胡子,听着战士们的喊声,看着大家脸上的笑容。让大家议论了一阵之后,他摆了摆手要大家安静下来,接着他讲了他的看法:“不对呀!同志们,你们说是石头硬,这不对,我看是水硬,而不是石头硬。”战士们听了他的解释,觉得军长说话很风趣,但又不懂他话里的意思,便目不转睛地看着他。张军长稍停了一下,又继续说,“表面看石头比水硬,但实质上石头并不硬,它连一滴水珠都经不住。不信,你们看屋檐下的石头不就是被水滴冲凹了吗?洪水还可以把石头搬家,冲得那小石块就只好变成细沙了。敌人再硬也必定要失败!红七军是工人农民的队伍,是汹涌澎湃的革命斗争中的一个巨浪,任何力量也阻挡不住红军前进的道路。”听了这一番话,大家才明白张军长开头的那句问话,心里豁然开朗。

张军长接着对大家说:“同志们, 不要把四把和长安这两次战斗,当成是敌人的胜利。革命的胜利不是一两仗就可以打出来的,需要艰苦的斗争。我们主动撤出,这是为了今后的胜利。干革命要有远大的目标,我们的家乡成立了苏维埃,这只是革命胜利的一部分,我们要有解放全中国工农群众的伟大理想。只有中国受压迫、受剥削的群众都得到解放,革命才是真正的胜利。”他最后说:“红七军能从无到有,就能从小到大,从弱到强,一直到战胜敌人。同志们! 我们不久就要与中央红军会师了,我们的力量是不可抵挡的,胜利一定属于我们! ”

张军长的讲话,在雷鸣般的掌声中结束。他的这一席话,深深地打动了每一个人的心,像一团火在红军战士的胸膛中燃烧起来。顿时,“共产党万岁! ”“红军万岁! ”的欢呼声响彻整个会场。第二天清晨,全体红军战士以高昂的战斗意志，迈着坚定的步伐，浩浩荡荡地沿着湘桂边界继续前进。

部队从富禄镇出发，经湖南绥宁城直逼武岗城。这时，天气越来越冷，部队出征一个月以来，人员、物资一直没有得到补充。据侦察，武岗城及附近没有敌人的正规军，城内只有几百名民团。为了解决被服、弹药和军费等问题，红七军军部决定攻打武岗城。广大指战员在战斗中打得异常英勇。后来因为敌人八个团的援军赶到，我军只好放弃攻城。部队经过湖南新宁，进入广西全州县城。红七军前委在全州召开会议，邓小平、张云逸在会上正确总结了从河池出发以来的经验教训，主张放弃攻打大城市的计划，沿湘桂边界去同毛泽东、朱德领导的中央红军会合。他们的意见得到多数前委委员的赞同。部队在这里休整了 3 天，筹得了几万元经费。1931 年 1 月初，我军离开全州，经湘南的道县、江华等地，于 2 月初到达广东乳源县的梅花村，随后前往乐昌河。

黄挪潭苏区击溃胡凤璋

红七军五十八团横渡乐昌河后进入湘南，张云逸军长在十分艰难的条件下，带领部队向江西苏区前进。这时，敌人对我军的堵截和追击有增无减。部队每天在翻山越岭和频繁的战斗中度过。为了战胜敌人的围追堵截，把部队带到中央苏区同毛泽东、朱德领导的中央红军会合，张云逸废寝忘食，呕心沥血。

1931年春末夏初，红七军到达湘赣边区后，根据地军民和红七军广大指战员集合联欢。图为当时的情景

无论情况如何紧张,每天部队出发前,他坚持作思想动员工作,使指战员明确行军的路线和目的地,鼓励大家百折不挠地去争取胜利。他同干部、战士打成一片。行军时,有敌情,他走到队伍的前面,了解情况指挥战斗;无敌情,他走在部队的中间或后面,同干部战士谈话,鼓舞士气。他同广大红七军战士同甘苦、共患难,时刻把战士的冷暖放在心上。他把自己乘坐的战马让给伤病员骑。他规定部队行军时,十里一小休,二十里一大休,使大家身体上的疲劳得了恢复。他一再叮嘱干部,部队到达宿营地后要大家抓紧时间煮饭吃,派人烧水让战士们都能用热水洗脚。在张云逸的领导和关怀下,大家团结一致,坚定不移地朝着中央苏区的方向前进。

1931 年 2 月中旬,张云逸率领红七军五十八团到达湖南黄挪潭的平湖、上洞一带。黄挪潭沟壑纵横,山峦重叠,古木参天,地势险要,是酃县创建最早的苏区,这里有共产党的组织,有苏维埃政府和红军游击队。红七军来到黄挪潭那天,正临旧历年关,家家户户张灯结彩,鲜红一片。从国民党新军阀和地主阶级的残酷压迫下获得解放的贫苦农民,正欢欣鼓舞地忙着过年。他们听说红七军来了,全村男女老幼,穿红戴绿,兴高采烈地站满村头,像迎接贵宾似的向指战员们热烈鼓掌。

部队在村子里的廖家祠驻扎。战士们刚刚解下行李,群众便一批又一批地抬着、挑着他们准备过年用的年糕、果点来慰问部队。中央黄挪潭区委和苏维埃政府,宰猪宰羊、杀鸡杀鸭,在这一天设宴招待全体指战员,廖家祠内外呈现出一派欢乐的景象。随后,黄挪潭党组织和苏维埃政府又组织了慰劳队、歌舞队来慰问部队。慰劳队给部队送铺板、稻草,送米、送菜,为红军战士洗补衣服、赶做鞋袜,让战士们睡好、吃饱、穿暖。歌舞队到部队驻地进行慰问演出。经过长途跋涉,历尽艰险来到这里的红军战士,犹如流浪多年的孩子,重新回到母亲的怀抱,倍感亲切和温暖。

2 月的天气,阳光分外明媚。到达黄挪潭后,苏区人民对子弟兵的热情关怀和衷心爱戴,使红七军战士一直生活在欢乐与幸福之中。一天,战士们有的三三两两地同群众聊天,有的跳下溪水中去洗澡,有的在岸边洗衣服,有的在剪头发。温暖的阳光照在小溪上,也照在每一个人的心田上。不一会,大家集合在溪边的石头上,听张军长讲话。张军长对着美好的阳光,望着同志们欢乐的笑脸,极其兴奋地对大家说:“同志们!我们来对了苏区,我们见到了太阳了啊!只要坚决奋斗,肯定有光明的一天!”张军长的话说到了战士们的心坎上去了。大家都热烈地欢呼鼓掌。

接着,张军长又说:“现在,征战只是告一段落,任务并没有完成。我们要参加这里的工作,配合此地的人民武装歼灭敌人,开展土地革命,扩大游击区,我们还要继续前进,找到五十五团,而后一同去和毛泽东同志率领的主力红军汇合。”大家又报以热烈的掌声,表达指战员们争取革命胜利的坚强信念。

红七军到达黄挪潭不久,汝城土霸、民团团总胡凤璋带领1000多人的地主武装进犯黄挪潭。接到情报的当天晚上,张云逸军长立即召开全体军人大会进行紧急战斗动员,他说:“反动派是极端仇视人民的,他们是绝对不允许人民得到自由和解放的。匪首胡凤璋的反动军队马上就要来进犯黄挪潭了。黄挪潭的人民群众是很好的,这里的政权是人民的政权。我们一定要用我们手中的枪保卫好根据地,保卫这里的人民群众!”红军战士听说反动派要来进攻苏区,个个义愤填膺,决心以战斗的胜利来给苏区人民献礼。

第二天,在张云逸军长的统一指挥下,红七军五十八团和酃县赤卫队,黄挪潭区赤卫队密切配合,迎头痛击来犯之敌。清晨,张云逸率领红七军一个营从板下楼村出发翻过将军山后,分成两路,一路经羊角垅,下良桥,正面迎击敌人;一路经秋田垅、坪埂到下坪松江口,迂回包围敌人。酃县赤卫队一部直插上洞烟逢埂,切断敌人从梨树湘逃跑的退路,赤卫队另一部则直插瓷器窑,切断敌人另一条退路;黄挪潭区赤卫队跟随红七军行动。黄挪潭人民积极支援我军的对敌作战,有的给部队带路,有的组织担架队,准备救护伤员,有的送茶送饭,有的则直接参战。根据地人民的大力支持,使部队的战斗情绪更加高涨。

红七军正面迎战敌军的部队迅速到下良桥店边。我军充分利用黄挪潭的险要地理条件,在当地群众的掩护下,隐蔽于有利于伏击敌人的半山腰中。当敌军进入山沟,刚停下来煮饭,张军长一声号令,我军立即像猛虎一样冲下山去,向敌人发起了猛烈的进攻。我军的凌厉攻势,使敌人陷于一片惊慌混乱之中。敌人死的死,伤的伤,逃的逃。我军沿着大路追击逃敌。当敌军退到下坪松田埂,又遭到我红七军迂回部队的顽强阻击。这时,红七军正面追击部队和迂回部队,对敌人形成南北夹击之势。把敌人打得溃不成军,狼狈逃窜。这一仗打得很漂亮,我军用了不到 1 小时,即将敌人击溃,共击毙、击伤、俘虏敌人 200 余人,缴枪 100 余支,而我军无一伤亡。

战斗结束后,人民群众在道路两旁夹道欢迎我军的胜利归来,他们对战士们说:"辛苦啦,你们真勇敢啊!"这次战斗的胜利鼓舞了我军和黄挪潭人民的斗志。红七军也将缴获的武器大部分都给了黄挪潭区赤卫队,使赤卫队得进一步的武装。

湘赣边区奇兵胜陶广

红七军五十八团在黄挪潭休整了 10 多天, 同当地的政府和人民群众建立了十分亲密的关系,人民拥护和爱戴红七军。可是,为了同中央红军会合,部队又不能在此久留。2 月下旬,红七军五十八团指战员,怀着依依不舍的感情告别了黄挪潭,继续前进。

2 月底的一天,张云逸军长率领部队到达水日镇。这是红区白区交界的地区。指战员们刚刚坐下休息,突然警戒线上传来了枪声,说是"敌人"从北面打来了。部队立即抢占山头,警卫连对"敌人"的进攻予以还击。没多久,看到对方有人拿着红旗向我方警戒线走来。经过用军号联络,才知道对方也是红军部队。原来,湘赣革命根据地红军独立一师第三

张云逸（右五）同叶挺（右一）和江北指挥部领导邓子恢（右二）及新四军第五支队司令员罗炳辉（右四）在江北指挥部的合影

团听说红七军开来的消息后，由团政委王震同志亲自带队迎接来了。两支兄弟部队在山头上见面，他们握手，拥抱，互相慰问，就像久别重逢的亲人一样，分外亲切和高兴。随后，两支部队一起向湘赣革命根据地的中心——永新前进。

3月中旬，当部队到达湖南茶陵县李家村游击区时，湖南军阀何键派师长陶广带了两个团尾追我军而来，当时，独立一师第三团只有3个连，红七军五十八团只有5个连。两支部队经过研究决定，由张云逸军长统一指挥迎击敌人。不久，敌军赶到，他们凭着兵力优势，迅速抢占了两个山头，随即向我军发动了进攻。

张军长从战场的实际情况出发，对整个战役进行了全面的部署。他命令红七军第四连担任警戒，特务连作预备队，其余3个连队从正面向敌人占领的山头发起进攻，命令独立师第三团从左侧向敌人攻击。敌人居高临下，向我军疯狂扫射。枪声、炮声、喊杀声震撼四野，战斗打得异常激烈。红军战士一面佯攻，一面多次从正面、侧面向山顶攻击，敌军负隅顽抗，我军进展缓慢。有一个连派出小分队，由侧面绕过山后，准备从后面打击敌人。但是，为左边山上敌人的机枪扫射所阻。敌军在数量和武器装备上占绝对优势，长时间的拉锯战对我十分不利。必须出奇兵，才能克敌制胜。

在敌人控制的山头的左侧有一个小村庄，那里有一小股敌军防守。

攻占这个小村庄,就可以从敌后袭击敌人。我军阵地同这个村庄之间隔着一个很长的田坝,要占领这个村庄必须穿过这个田坝。而我军在缺乏强大火力压制敌人射击的情况下,要通过田坝是非常困难的。在前线指挥作战的张云逸军长,纵观全局,经过冷静的分析,毅然作出派出部队迂回敌后袭击敌人的决定。他下令立即调红七军第四连执行这个紧急任务。

第四连连长曹振亚和政治委员莫文骅接到张军长的命令后,马上在一个山头上召开全连战斗动员大会。曹连长对战士们说:"同志们!现在是我们连攻打敌人的时候了,我们一定要在这次战斗中争取胜利,要在这一仗显出我们红七军的力量来。张军长交给我们的任务是:冒着敌人火力,迅速通过田坝,占领对面的村庄,然后迂回攻击敌人的主阵地,将'尖刀'插入敌人心腹中去。每个同志要勇敢、沉着,一个跟一个,每人相距一米,扛枪跑步前进。到达村边时,要不顾一切地猛攻,只能前进,不能后退!大家有没有信心?"

全连战士坚定而响亮地回答:"有!保证完成任务!"

曹连长拔出驳壳枪,高喊一声:"跟我来!"战士们一个个像猛虎一样冲了出去。

第四连的勇士们很快冲下了山坡,到了田坝。敌人发现了我军的这一行动,一时机枪、步枪从正面、侧面向四连射来,妄图以猛烈的火力阻止我军通过田坝。曹连长、莫政委纵身一跃,跳入田基,跑步前进。随后,第一、第二、第三排的战士紧紧跟上。红军战士冒着敌人的枪林弹雨,飞快地穿过田坝,逼近了敌人占据的小村庄。这时,曹连长一声口令:"散开!冲!"我军战士立即行动,分成三路攻入村庄。接着,又从敌人的后方攻上山头。在一个小山头指挥作战的张军长,从望远镜中看到我军战士勇猛地穿过田坝,攻占了小村庄,连声说:"打得好!打得好!"

与此同时,在正面攻击敌军的红七军特务连、第五连和在左翼的独立师第三团，一齐向敌军猛攻。在我军两面夹击下，敌军阵脚大乱，全线溃败。我军乘胜追击，一口气把敌人赶出30多里以外，大获全胜。这一仗如摧枯拉朽，共歼敌300余人，俘敌百余人，缴枪数百支。

随后，我军乘胜前进，先后占领了茶陵、攸县和酃县。红七军五十八团进入湘赣边区后，在张云逸军长的指挥下，在兄弟部队配合下，取得了一系列战斗胜利，使我军的斗志更高昂，边区人民无比兴奋。从此，红七军的威名在湘赣边区大振。

"好一支铁打的队伍。"

3月下旬，红七军五十八团和独立师第三团到达永新城。这里是湘赣革命根据地的中心，建立了巩固的工农民主政权，中共湘赣省委设在这里。部队到来后，受到这里的党组织、政府和人民的热烈欢迎，慰问的群众络绎不绝。艰苦奋战数千里、饱尝敌人围追堵截苦味的红七军指战员，此时感到无比的幸福和快乐。

湘赣根据地的红军，除独立一师外还有红二十军。会合后，为了统一指挥赣江以西的红军部队，中共湘赣省委决定成立"总指挥部"，由红七军军长张云逸任总指挥，红二十军政委曾炳春任政治委员。1931年4月初，蒋介石纠集20万兵力，向我中央革命根据地发动第二次反革命"围剿"。为了牵制敌人兵力，配合中央红军粉碎敌人的第二次"围剿"，张云逸同志等指挥红七军、独立一师和红二十军进攻敌人盘踞的吉安县永阳镇。

根据战斗计划，独立一师为右路，攻永阳中心区；二十军为左路，从左边攻击；红七军五十八团为总预备队。我军在战斗中勇猛顽强，进展神速。独立一师两个团在王震同志的率领下，很快进入永阳镇中心，并与敌人在街道展开巷战。左路敌军主力向我二十军阵地进攻，由于力量悬殊，二十军退了下来。敌军一直把二十军压到总预备队红七军的位置。红七军正想组织反攻，但又被后退的二十军挡住了，部队无法展开，只好向山地移动。张云逸同志在前线指挥战斗，当敌军向他的指挥所猛扑过来时，他带领身边仅有的一排人同敌人展开激战，张云逸同志又带领了两个警卫员冲上山头，观察与指挥整个攻城战斗。不久，这个排因寡不敌众，退了下来。张云逸同志处境十分危险，警卫员要他撤退，他坚决不答应，他和退下来的战士共同坚守山头，还击敌人，打退了敌人的多次冲锋。敌人还企图将我已进入永阳的独立师两个团围困在城内。在最危急的时刻，我红七军五十八团第四连政治委员莫文骅带领36个战士向敌人猛冲过去，击溃了敌人的一个营，并与独立师一起共同配合打垮了城内的敌军。向我红七军这个排的阵地进犯的这股敌人，见其主力已被打垮，急忙撤退。我军在永阳战斗中给予敌军以沉重的打击。

永阳战斗后，我军回到永新城休整。不久，经中共湘赣省委同意，张云逸带领红七军五十八团南下寻找红七军五十五团。五十五团渡过乐昌河后，战胜敌人的尾追，到达崇义。邓小平同志到上海向党中央汇报工作，部队由李明瑞、许卓等同志负责率领。这时他们也在找五十八团。1931年4月初，红七军五十五团和五十八团在永新县的天河重新会合。这时，张云逸同志得了重病，随军治疗与休息。李明瑞接任赣江以西红军总指挥部总指挥职务。接着，在永新城召开了红七军第二次党代表大会。

红七军部分干部长征到达陕北后在延安合影。后排左四为张云逸

这次会议总结了红七军从广西到江西行军作战的经验教训。宣布到中央苏区与中央红军会合的任务完成，今后的任务是为保卫与扩大中央苏区而斗争。随后，红七军、红二十军和独立一师在张云逸、李明瑞等同志的领导下，攻打安福县，取得了消灭敌军一个团，俘虏敌人800，缴获枪支近千的重大胜利。接着，红七军又与兄弟部队紧密配合，连克茶陵、安仁、酃县、遂川等县。红七军在湘赣边区的对敌作战，保卫和发展了湘赣边区革命根据地，有力地配合了中央革命根据地军民粉碎敌人的第二次反革命“围剿”。

1931年7月11日，红七军奉命从于都县的渡口渡过赣江，进入中央苏区。22日，在桥头镇与中央红军会师。从此，红七军成为中央红军的组成部分。会后，张云逸满面春风地对大家说：“从现在起，我们是中央红军的一部分了。在毛泽东同志的直接领导之下，多么光荣啊！”

会师不久，红七军领导人张云逸、李明瑞在瑞金北面的壬田寨，受到了中央革命军事委员会主席毛泽东和总司令朱德同志的亲切接见。

朱老总听说红七军一路的挫折和苦战之后，由衷地感叹道：“好一支铁打的队伍。忍饥受冻流血牺牲，竟能转战七千里。跨越五个省区，了不起啊！”

就在这一天，毛泽东和朱德总司令对红七军敢于突破“左”倾机会主义路线的禁锢，根据实际情况在中途放弃了攻打大城市的计划，并且征战千里历尽艰辛来到中央苏区的了不起的壮举，给予高度的评价和赞扬；在中华苏维埃共和国工农代表大会上。毛泽东还代表中共中央革命军事委员会，亲手将一面大红锦旗授予代表红七军的张云逸。旗上绣着金光闪闪的四个大字：“转战千里”。

第五章　去华南的日日夜夜

★劳山事件，周副主席的“老警卫员”

★赴华南的“中共全权代表”

★南方游击区是今后南方革命运动的战略支点

★新四军筹建工作

在张云逸的带领下，部队在行军中，纪律严明，认真执行“三大纪律、八项注意”。

老百姓都说，新四军是共产党领导的部队，是老百姓自己的队伍。

1938年新四军军部宣布正式成立。图为1938年1月，张云逸、叶挺等在武汉合影（左起：周子昆、张云逸、叶挺、项英、曾山）

劳山事件，周副主席的“老警卫员”

1935 年 10 月，中央红军战胜无数的艰难险阻，胜利到达陕北。1937 年 3 月，中央组成了军委后方司令部，刘伯承为司令员，张云逸出任参谋长，刘伯承不在期间，由张云逸代理司令员。4 月，为贯彻中共中央确定的抗日民族统一战线政策，争取地方实力派和各阶层人士投入反对日本侵略者的斗争，促成全国抗战的实现，党中央决定派张云逸到华南进行统一战线工作。4 月下旬，张云逸正准备动身离开延安经西安到香港去。恰巧这时周恩来、孔石泉等同志也要经西安到南京去同国民党继续谈判。这样，他们便一同上路。

为了保卫首长的安全，中央保卫局专门派了一个由 12 人组成的警卫班随车护送。除了周恩来以外，张云逸便是这支队伍的最高军事长官，虽然他也是被护送的首长之一。但他还是自觉地把保卫周恩来看作是自己的最大责任。出发前，他对照地图详细地研究了行进路线，对公路两旁的地形地貌都作了研究，然后根据自己在大革命时期和土地革命战争时期同国民党打交道的经验，一再告诫随行人员和警卫战士，要充分认识到国民党统治区工作的艰巨性、复杂性。他要大家提高警惕，严格遵守纪律，防止敌人的破坏和暗害。

4 月 25 日，太阳刚刚从东方升起，一辆载着周恩来、张云逸、孔石泉等 30 来人的卡车，从延安出发，朝着西安方向驶去。周恩来坐在驾驶室里，早晨的黄土高原一片宁静。汽车在公路上急驶，车后扬起阵阵黄尘。这次一同前往西安的工作人员和警卫人员，多数是年轻人，大家坐在车厢里，说说笑笑，情绪很高。张云逸表面上虽然同样轻松，但内心却始终不安，西安是国民党统治地区，情况复杂，心中无数，必须加倍警惕，随时准备应付可能出现的敌情。

汽车离开延安 60 里后，来到甘泉县劳山北面的湫沿山。这里山岭起伏，古树丛生，是延安的南大门。当汽车爬上山巅，进入一个狭窄的拐弯处时，突然枪声大作，200 多敌人从正前方公路上挖的工事里，从后面的小山包和左边的树林中同时射击,形成三面包围的态势。密集的子弹像雨点似的朝汽车猛烈地射来,一听到枪声,张云逸知道中了敌人的埋伏,但因山路崎岖,卡车不易冲出敌人包围圈,而且迎面来的子弹随时可能射伤周恩来,这时,周恩来疾速跳下汽车,喊道:“快下车!散开打!”张云逸和孔石泉迅速跳下车,协助周恩来同志指挥干部战士利用汽车和有利地形,就地还击敌人。在敌我力量悬殊的情况下,大家奋力抵抗,使敌人不能一下就冲过来。

战斗不久,警卫员刘九洲负了重伤,司机的腿被打断了,周恩来的随从副官陈有才也负了重伤,最后牺牲了。张云逸的手也被敌人的枪弹打伤,但他临危不惧,念念不忘的是周恩来的安全。张云逸要求孔石泉寻找隐藏地保护周恩来,他说:“你们先走,我是老兵了,战死无憾!”他强忍着伤痛,指挥同志们坚持战斗,以掩护周恩来突围。这时,我方伤亡人员越来越多,情况万分危急,必须迅速突破敌人的包围。张云逸不顾个人生命安危,经过仔细观察,从敌人的枪声中发现右侧没有敌人。于是,他一面指挥大家继续还击敌人,一面同孔石泉一起利用有利地形掩护周恩来从右侧的一片开阔地跨进沟壑,迅速爬上对面山坡的丛林中,冲出了敌人的包围。同时,他组织其余的人员也向右侧突围。

劳山脱险后,张云逸与周恩来(中)、孔石泉(右)西安留影

为了分散敌人的火力,减少人员伤亡,大家朝着同一方向分散前进。经过顽强的拼杀,突围出来的同志终于又会合在一起,然后大家向北翻过一座大山,来到30里铺的公路边。这里有我军的一个兵站,驻有少量的部队,当这里的部队听到山那边传来的枪声时,即刻电告延安。同时,出动人员前来营救。党中央和毛泽东接到报告后,立即指示派出骑兵急

驰劳山援救。当我军骑兵和其他部队赶到时，战斗已经结束，敌人已经逃得无影无踪。看到周恩来、张云逸等同志脱险，大家都为他们感到庆幸。

最后，救援部队把伤员和烈士的遗体运回了延安。后来证实，劳山事件是敌人事先侦得我们的行动后，设下的埋伏，其罪恶目的就是要谋害周恩来副主席。周恩来的随从副官陈有才，因经常跟随周恩来出入国民党军政要员的官邸，身上带有周恩来的名片，穿的服装也是同周恩来一样的呢子制服。当敌人冲到卡车跟前，见陈有才穿的服装并从他身上搜出周恩来的名片时，以为阴谋已经得逞。加上害怕红军增援部队赶来，就仓皇撤退，没有再向周恩来、张云逸等人追击。劳山脱险后，童小鹏同志为周恩来、张云逸、孔石泉同志拍了一张合影相。周恩来风趣地对张云逸说："云逸同志，我们不仅是战友，又成了难友了。"张云逸说："这次周副主席能脱险，真是不幸中之大幸。你要有个闪失，我这个老警卫员可就成千古罪人了。"张云逸十分怀念在劳山事件中英勇献身的同志，他一直把当年和战友一起合影的珍贵照片保留在身边，直到逝世。

赴华南的"中共全权代表"

1936年12月，张云逸被任命为中央革命军事委员会委员。两广事变后，受中共中央派遣，往来于广州、香港、南京、武汉、福州、桂林等地，在国民党上层军队人员中做抗日民族统一战线工作。

1937年4月的一天，在山西省吉县附近黄河边上的一个小村庄里，一个简朴的送别晚宴在一间普通的民房里进行，主人张云逸同志频频举杯，为即将返回广西的客人刘仲容先生祝酒，祝他旅途愉快，一路顺风。刘仲容也一再举杯，感谢主人的盛情款待。晚宴自始至终洋溢着友好、团结的气氛。

刘仲容是桂系李宗仁、白崇禧麾下的一位要员。他早年受过进步思想的影响，同很多共产党员有过来往。1936年12月，他受李宗仁的派遣，作为桂系的代表到西安向张学良、杨虎城商谈要事。西安事变发生后，中共代表团到达西安。周恩来、叶剑英同志先后会见了他，同他进行

1937年，张云逸(二排左四)和周恩来、叶剑英等同西安红军联络处工作人员合影

了长时间的交谈。

1937 年 1 月下旬，他应周恩来的邀请从西安到延安去，在那里停留了两个月。毛泽东同志多次接见了他，向他了解广西的政治、经济、军事各方面的情况，向他阐明了中国共产党的抗日民族统一战线的政策。希望各种政府力量联合起来，共同督促蒋介石实现他在西安的诺言，发动抗日战争。在延安的参观学习，使刘仲容的思想发生了很大的变化。他赞成中共的抗日民族统一战线的政策，他表示愿意回去做桂系的工作，为抗日救国的大业贡献自己的力量。

4 月，毛泽东与刘仲容见了面，告诉他我党准备送他经山西返回广西。他的一切行程由伍修权同志安排。为了他的安全，一路上我党都派人加以保护。在吉县为刘仲容饯行的第二天，张云逸亲自送他渡过黄河去，然后才分手。临别时，张云逸告诉刘仲容，他也要出远门，希望不久能在香港或桂林再见面。

这年5月，张云逸肩负重任，从西安辗转到达香港，以中共中央代表的身份在华南开展党的统一战线工作。以李宗仁、白崇禧为代表的桂系军阀势力，是国民党在华南的重要地方实力派。他们同蒋介石集团既有一致的方面，又有根本的利害冲突。在日本帝国主义的侵略步步深入，民族危机空前严重的情况下，他们也多次表示要抗日。中国共产党提出的"停止内战，一致抗日"的主张，引起了他们的共鸣，为了在民主团结的基础上联合桂系共同抗日，促成全国全面抗战的实现，张云逸根据党中央的指示，在香港进行了一段时间的活动后，即进入广西开展工作。

在张云逸到广西之前，中共中央先派了共产党员杨必升(即杨德华)到桂系同桂林方面进行联系，转达了我党中央拟于近期派张云逸为全权代表到桂林与桂系方面谈判合作抗日的意见。张云逸到香港后也派了人到桂林同刘仲容取得联系。李宗仁对张云逸这次访桂，十分重视。他召集了有白崇禧、黄旭初、李任仁、李品仙、王公度、甘介候、黄同仇、潘宜之等桂系高级官员参加的会议，商量决策。对张云逸的桂林之行，桂系方面由王公度作了周密的安排。

6月初，张云逸在秘书李实(即罗理实)的陪同下，从香港乘港梧轮到达梧州。梧州公安局长李一尘亲自接待张云逸，并派汽车把他送往桂林。当汽车到达荔浦车站时，刘仲容奉派在那里迎候，并陪同张云逸一起来到桂林。由于王公度、刘仲容的安排，张云逸到桂林不久，即同李宗仁见了面，并开始了会谈。刘仲容还派人对张云逸进行秘密保护。

当时广西的文武官员思想比较混乱，有的对抗战缺乏信心，有的高级将领对蒋介石会不会参加抗日表示怀疑，有的认为蒋介石已停止"剿共"，很可能会抽出兵力来压迫地方势力，广西应对付新的蒋桂战争。李宗仁、白崇禧也说，"蒋介石不可靠，我们不要上蒋介石的当"。针对上述情况，张云逸在6月12日同李宗仁、白崇禧的首次会谈中，根据党中央和毛泽东的指示。分析了当时的国内外形势，阐明了我党的抗日民族统一战线的政策。他强调指出：当前中国人民的主要敌人是日本帝国主义，团结抗日，救国图存是全民族的需要，只要是抗日派，都是中国共产党的朋友，我们党随时准备和国民党内的爱国人士合作，组织抗日民族统一战线。共产党的主张就是团结全国一切可能团结的阶级、阶层，抵抗日本帝国主义的侵略。

从国家民族的利益出发，逼蒋抗日，建立抗日民族统一战线，是完全可能的，也是必要的。现在，抗日是人心所向，这是蒋介石阻挡不住的。经过“西安事变”，中国的局势已经发生了重大的变化，蒋介石不打日本打内战，办不到了。和平是当前民族救亡的需要，也是中国人民的一致要求。我们共产党人只要是对国家民族有利的事情，只要是群众要求做的事情，我们就要积极去做。我们有充分的条件，联合各个方面的力量，逼蒋抗日。一切抗日救国的力量团结起来，抗日一定会胜利。李宗仁、白崇禧在会谈中，表示赞同我党对形势的看法，和抗日民族统一战线的政策，愿意团结抗日，共同对外。

几天之后，在第二次会谈中，李宗仁完全同意我党提出的巩固国内和平，实现民主和团结抗战等主张。双方商定，由张云逸与桂系几个高级官员研究拟出如何巩固和平统一，实现民主和团结抗战的具体方案。张云逸在桂林期间，四川军阀刘湘也派出代表张斯可到桂林联络。经李宗仁介绍，张云逸同四川代表见了面并进行了会谈。张云逸还请张斯可一起参加关于巩固和平，实现抗战具体方案的制订。

张云逸同桂系和四川代表所进行的联络工作，很快为蒋介石的特务机关所察觉。蒋介石下令要其在桂林的特务密切注视张云逸的活动，并加紧分化桂系集团，扶植桂系内的亲蒋势力，而在桂系的一些高级官员中，如黄旭初、潘宜之等人，也以“不能抄袭共产党的理论作为自己的理论”为借口，反对同我党联合抗日。

经过张云逸的艰苦工作及同桂系、四川方面的代表反复磋商，6月下旬拟定了联合抗日的七条纲领草案。这个纲领草案的主要之点是：巩固和平统一，实现民主政治，团结抗日，收复失地，召开国防会议，充分接受各方抗日领袖主张，树立抗日旗帜，扩大抗日宣传，开放民众运动，改善人民生活，释放政治犯，开展国民会议制宪运动，国民会议代表名额应分配于各党派指定，各抗日力量彼此应团结互助，以充分力量推动中央领导实现抗日，不得含有分裂民族统一战线的企图。

这个纲领草案的内容是符合实际的，它反映了广大人民的要求和愿望。毛泽东收到张云逸的报告后，即在6月26日回电，予以充分肯定。他说，纲领草案是对的，我们赞成如此去做，并促请桂方向粤、港、沪联络，推动各方也努力去做。

7月7日，卢沟桥事变爆发，日军大举进攻华北，中国驻军奋起抗战。7月8日，中国共产党通电全国，同一天，中国工农红军将领发表致蒋介石电，号召全民族抗战，呼吁国共两党亲密合作，抵抗日寇的进攻。

张云逸根据中共中央的指示，再次同李宗仁会谈，李宗仁即同意致电华北及南京政府表示支持抗战。四川省当局通过其驻桂代表，询问我党对卢沟桥事变的主张。张云逸在同张斯可会谈时介绍了我党主张全国抗战的坚定立场和抗日民族统一战线的方针政策。四川方面对我党的正确主张深为赞赏，并主动邀请张云逸到四川去同刘湘商谈。

"七七事变"后，李宗仁以华北形势危急，要求张云逸留在桂林，以便讨论对策。同时，再度派刘仲容赴延安，作为广西的常驻代表，同中共中央保持联系。张云逸按照党中央的指示，继续留在桂林，并来往于桂、粤、港之间，进行统一战线工作，对推动桂系走上团结抗战的道路，采取抗日的实际步骤产生了影响。

8月4日，白崇禧由桂林飞往南京，代表桂系与蒋介石会晤，商讨广西出兵抗日事宜。不久，白崇禧出任国民政府中央军事委员会副总参谋长，李宗仁出任第五战区司令长官。广西全省也动员起来抗战，扩编军队，组成四个军共40个团，后又编为三个集团军，统称为第五路军。随后，广西军队即开赴前线抗日。

8月初，张云逸经李宗仁介绍到广州同广东当局余汉谋会谈。经过多次谈判，余表示同意国共合作，全面抗战，并同意在广州建立八路军办事处。

南方游击区是今后南方革命运动的战略支点

1936年12月,西安事变和平解决后,蒋介石被迫停止了对主力红军的进攻,全国范围的内战基本停止。而在南方,反动派却继续增调兵力,变本加厉地对我游击队进行“清剿”。我党领导的各游击区军民的斗争更加艰苦。

国民党福建省当局和驻闽粤军,奉行蒋介石的“北联南剿”的政策,

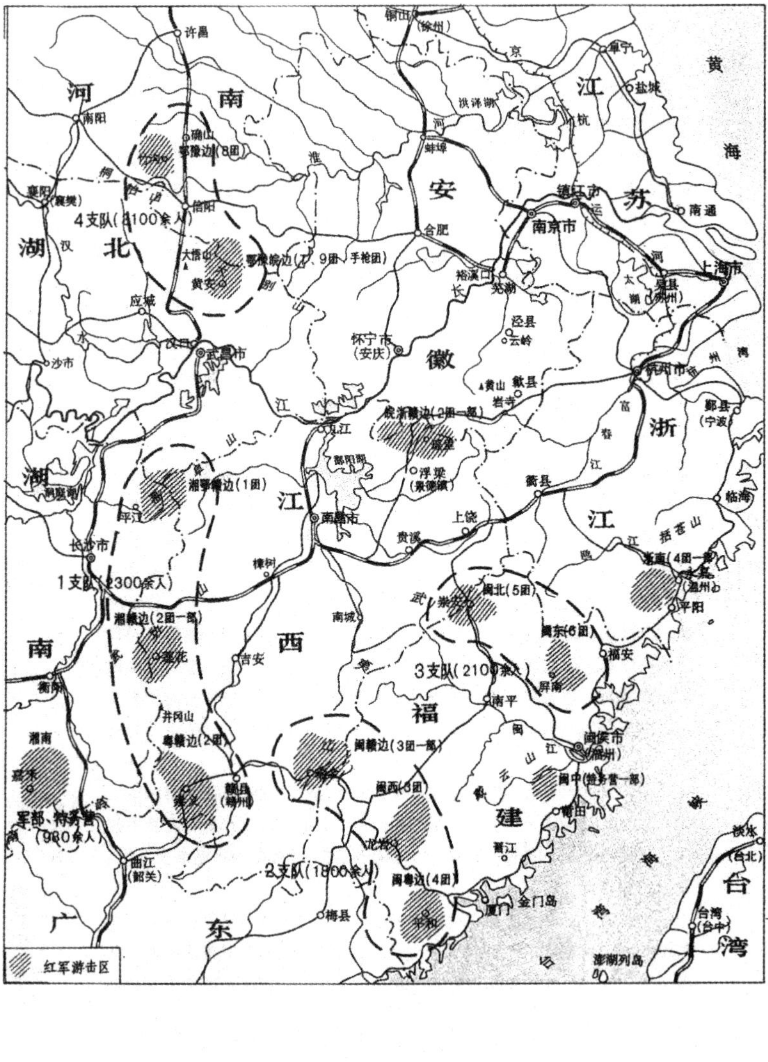

南方红军游击队改编为新四军示意图

疯狂进攻红军游击队，妄想用屠杀除去我党在南方10年血战中坚持下来的各个游击区。1937年卢沟桥事变后"清剿"虽然停止，而他们又利用同我方进行实现停战、合作抗日谈判的机会，企图诱使红军游击队下山加以消灭，或设置种种圈套，阴谋吞并。10月初，国共两党达成将我南方各省游击队统一改编为新四军的协议后，他们又要派人到我军担任职务以控制和削弱人民军队。在新的形势下，我红军游击队面临着极其复杂、尖锐的斗争形势。中共中央对南方各游击区的斗争十分关注。

1937年8月1日，根据全国政局的变化和国民党所玩弄的阴谋，中央发出关于各游击区域的工作指示。同年10月1日，党中央又将南方各游击区工作的方针电告张云逸、叶剑英等同志。中央的指示，为南方各游击区军民的斗争指明了正确的方向。随后不久，张云逸同志受党的派遣从香港到福建向红军游击队的领导人传达党中央的指示，并与国民党福建当局谈判。

新四军军长叶挺

10月上旬的一天，张云逸来到香港码头，登上了一艘开往厦门的货轮。为了便于工作，张云逸以一个行商的身份出现，陪同前往的有他的秘书林青。他们买了普通铺票，和船上的其他旅客混杂在一起。张云逸待人以诚、朴实无华的作风，使他看起来和普通的老百姓没有什么两样。货轮上的人谁也想不到，一位肩负重任的中共代表，一位久经沙场、所向披靡的红军将领，此刻正同他们坐在一起。

宽阔的南海波涛汹涌。轮船在大风大浪中艰难地行驶，船体时而被巨波高高举起，时而又好像跌下深谷。许多人对海上行船严重不适，船舱里不时传来呕吐的声音。张云逸也出现了恶心头晕等症状，林青在他身旁细心照料。经过一昼夜的海上颠簸,张云逸终于安全到达厦门。轮船到厦门后,林青同志病倒了。张云逸叫他留在厦门治病休息。第二天,他不顾旅途的疲劳,同另外一位同志从厦门取道漳州,转龙岩,直奔闽西红军游击队驻地。

闽西的党组织和游击队,1937年以来,根据党中央关于国共合作一致抗日的政策和中共南方工委的指示,在闽西南开展和平运动,推动福建当局和驻闽粤军与红军游击队合作抗日。党的抗日救国主张得到广大群众和地方开明绅士的同情和支持。七、八月间,闽西红军游击队经过同福建当局和驻闽粤军的谈判,达成了协议,双方停止战斗,红军游击队停止打土豪,并改编为闽西人民抗日义勇队,部队分别集中于龙岩的白沙和永定的金丰两地。但是,国民党福建当局和驻闽粤军进行谈判的目的,是要吞并和消灭红军游击队。双方达成协议不久,福建省主席陈议通过驻闽粤军转来要我闽西红军游击队立刻开赴厦门前线的电报。来电要求我红军游击队按照他们规定的行军路线,坐他们派来的汽车,到他们指定的地点漳州集中。其阴谋就是要在途中消灭我军,或在漳州解除我军的武装。经过斗争,他们的这一阴谋没有得逞。随后,他们又要我游击队负责人邓子恢将队伍带到龙岩,让他们"检阅",其用心也是十分明显的。为了进行有理有利有节的斗争,我游击队由邓子恢带领一个营的兵力,到龙岩城河对岸的溪南一带待命。只由邓子恢等少数人进龙岩城同福建当局的代表会谈。谈完之后,我这营的红军游击队即开到龙岩以东之雁石村,游击队的其余部分,移驻雁石附近的苏邦村。可是,福建当局抓住我红军游击队正常移动这件事大做文章,散布流言,造谣惑众,胡说我军"未奉命即驻雁石村,企图进攻龙岩城"等等。煽动群众对我党我军的不满,使我红军游击队处于困难的境地。

党中央代表张云逸的到来,使闽西红军游击队的领导人邓子恢、张鼎丞等喜出望外。他们就好像在海上漂泊多日,忽然脚踏着了实地一样。张

1938年3月，新四军在岩寺集结

云逸见到了这些远离中央，在十分艰难的环境中苦斗的战友，心里也非常激动。他紧紧地握着邓子恢、张鼎丞等同志的手，连连说:“你们辛苦了！”

张云逸向游击队的领导人传达了党中央关于南方各游击区工作的方针和政策。他说:“中央认为，南方各游击区是今后南方革命运动的战略支点，应该十分重视。为保存和扩大这些革命战略支点，保存和巩固革命的武装，必须坚持党对我军的领导，坚持独立自主的原则。党中央指出，红军游击队在保存和巩固革命武装，保证党的绝对领导的原则下，可以与当地国民党进行谈判，改变番号，以取得合法地位;但对于国民党的任何挑衅和进攻，必须坚决进行自卫。各区游击队原则上不拒绝集中，但须由中央派人传达方针;各区游击队调动前，邻近周围驻军、保安队、民兵应首先调动参加抗日，至少同时调动。国民党不得派任何人员、部队移入及破坏游击区，游击队集中时，该集中部队之领导及其作战指挥，国民党不得干涉，不得插入任何人。”

张云逸说:“中央准备在南方也编一个军。一定要保持我们部队的独立性，不能怕国民党。他要打，就打，不怕他。他要改编我们，做不到，不然就再上山同他们干！当然，我们还是尽量地争取和平。当前日本帝国主义要灭亡中国，民族矛盾是主要矛盾。我们要顾全大局，同国民党合作抗日，这是一个伟大的战略转变，游击区的党和军队在与国民党谈判的同时，应在党内外，军内外大力宣传党的政策，说明建立抗日民族统一战线的必要性和重要性，并教育全体军民认清国民党的阶级本质，对它可能采取的各种阴谋手段，保持高度的政治警惕。”

张云逸传达的党中央的方针，使闽西游击队的领导人感到豁然开朗。他们根据中央指示，结合闽西的实际情况，决定了应该采取的措施。为了坚决贯彻党的抗日民族统一战线的方针，顾全团结抗日的大局，他们决定将我驻雁石的部队撤到苏邦，并向龙岩商会和群众做好宣传教育工作，使他们明白这样做的道理。我红军游击队的主动撤离，有力地揭穿了国民党说我军要进攻龙岩的谣言。

张云逸在完成了预定的任务后，即返回厦门。到达时，林青的病已经痊愈，他们便一同乘车经泉州、蒲田等地向福州进发。

新四军筹建工作

1937年抗日战争爆发后，根据中共中央向国民党谈判达成的协议，将南方八省13个地区的红军游击队改编为国民革命军陆军新编第四军。

国民革命军陆军新编第四军战斗序列表

(1938年2月)

军　长	叶挺	副军长	项英
参谋长	张云逸	政治部主任	袁国平
副参谋长	周子昆	政治部副主任	邓子恢

支队	司令员	副司令员	参谋长	政治部主任
第1支队	陈毅	傅秋涛	胡发坚	刘炎
第2支队	张鼎丞	粟裕	罗忠毅	王集成
第3支队	张云逸(兼)	谭震林	赵凌波	胡荣
第4支队	高敬亭		林维先	萧望东

1937年10月12日，国民政府军事委员会宣布南方八省红军和游击队改编为国民革命军陆军新编第四军(简称新四军)

为组建新四军，张云逸受党中央委托，曾到澳门同叶挺联系。叶挺在“九·一八事变”后，从国外回到澳门居住已经多时，国民党曾对他进行利诱，欲委以军事要职，要他反共，遭到叶挺的严词拒绝，他依然过着贫苦生活。而叶挺却急切地盼望找到我党的组织，为此他曾从澳门寄信到上海给阳翰笙，要阳翰笙去澳门看看他。阳翰笙把这封信交给了中共中央上海宣传部的朱镜。由于当时斗争紧张，组织上未能让阳翰笙去澳门，答应另外派人设法和叶挺联系。

张云逸在大革命时期和叶挺同在张发奎领导的国民革命军第四军工作，那时就互相熟悉，他对叶挺那种诚实、勇敢、以身作则和富贵不能淫、威武不能屈的革命军人品质，深感钦佩。这次受党中央委托到澳门与叶挺会见，两人十分高兴。张云逸代表党中央热情地欢迎叶挺回国参加抗战。叶挺同我党取得联系后不久即回国内。到南京八路军办事处会见了叶剑英，后到延安，会见了毛泽东，叶挺在了解了中国共产党抗日时期的路线、方针、政策之后，毅然同意出任新四军军长。11月12日，叶挺从延安回到汉口，就着手进行新四军的筹建工作。

新四军参谋长兼第三支队司令员张云逸

张云逸遵照毛泽东的指示，于10月下旬从香港回到延安，向党中央汇报工作之后，也奉中央之命到新四军工作。他是最先到汉口同叶挺一起筹建新四军的我党高级干部。经过筹备，新四军军部于1938年1月在南昌正式宣告成立。由叶挺任军长，项英任副军长。张云逸任参谋长，周子昆任副参谋长，袁国平任政治部主任，邓子恢任政治部副主任，下辖四个支队。张云逸还兼任第三支队司令员。

新四军军部成立后，立即命令各省游击队限期集中，江南的各省游击队向安徽的岩寺集中,江北的鄂豫皖及鄂豫边区的游击队向安徽的合肥、舒城、无为地区集中。

张云逸根据军部的指示,1938年2月再度入闽,他这次入闽的目的有两个:一是了解闽东、闽北游击队组编情况,并把部队开赴皖南集中;二是去福州同国民党地方当局商谈成立新四军驻福州办事处。

2月9日张云逸从南昌到粤闽浙赣边委所在地——江西省铅山县的石塘村。在那里他抽调了一批干部筹建新四军第三支队领导机构。除了由他兼任支队司令员,谭震林任支队副司令员外,还任命了支队的其他负责干部,同时,还抽调了一批干部到支队司令部、政治部机关工作。支队下辖的两个团,由饶守坤任第五团团长,曾绍铭任副团长,由叶飞任第六团团长。

张云逸在石塘村筹建了第三支队领导机构后,带领王助、孙克骥以及秘书、记者、机要员、警卫员等10多人向福建进发。

当时要将分散的红军游击队改编集中是相当困难的。不仅要克服战士长途跋涉和粮饷不足的困难,还要在坚持团结抗战的方针下,同坚持10年反共立场的地方当局和驻军进行有理有利有节的斗争。

1937年张云逸(右一)摄于皖南军部

张云逸一行从石塘村出发时,大雪初霁,杉松岭上,白雪皑皑,虽然路途跋涉艰辛,但见松枝傲立,竹林青翠,空气清新,大家精神倍增,倒也不觉疲劳。

2月11日到达崇安,经崇安县城顺建溪而下,抵南平，改乘汽船，沿闽江到左田县的谷江镇，住在镇上江边的一家客店中。翌日，又乘汽车抵古田县城，去拜访国民党古田县长，准备了解洽谈叶飞部六团北上问题。

当时，由于我闽东部队在春节的前一天已接到军部的电报，要他们开赴皖南岩寺集中，因此，部队已由叶飞率领于农历正月初三取道捕城到浙江去了。长期反共的古田县长，见到新四军参谋长张云逸到来，迫于国共合作共同抗日的形势，不得不表示欢迎。当晚，县长设宴款待张云逸参谋长，当地驻军一位保安旅长也在座。席间，县长谈到六团集中出发的情况后，竟狂妄地下断语说："我看叶飞的部队到不了浙江，就要跑光了。"

张云逸不以为然地笑着回答说："不见得吧，这是一支经过残酷斗争锻炼，具有政治觉悟的部队。"又说："如果真的跑光了，那不正是日本人所高兴的吗？我们中国人有什么高兴的。"县长碰了一鼻子灰，只好搭讪着，转而向当地驻军保安旅长敬酒，并恭维了他一番。

那位旅长一杯酒下肚，居然得意忘形，吹嘘起自己与蒋介石的师生关系来了。张云逸听后，便故意问他："蒋委员长近来好吗？我和他已多年不见了，我们还是民国初年在许崇智幕僚中共过事的呢！几十年不见了嘛。"这位旅长一听，愣了一下，面色由得意转而羞愧，不知如何下台，他自知无论是斗理斗智，都不是这位具有丰富斗争经验的张参谋长的对手，只好甘拜下风，便改口连连说："张老前辈，晚辈无知，请多教诲！"向张参谋长恭恭敬敬地敬了一杯酒。

张云逸十分挂念着叶飞部队沿途的安全，第三天，回到谷口，张云逸立刻要孙克骥送信给叶飞。孙克骥接受任务后，即沿叶飞部前进的路线迅速赶去，到了浙江常山县的球川镇，找到了部队，将信交给了叶飞，传达了张参谋长的口头嘱咐，要他们沿途警惕国民党军队的破坏和袭击。由于叶飞部队保持着高度警惕，终于安全地到达安徽岩寺集中。

张云逸又从谷口出发，23 日来到福州，经国民党福建省主席陈仪的同意，于 2 月底正式成立了新四军驻福州办事处。地点设在福州城内安民巷 27 号(现为 53 号)，由王助任办事处主任。张云逸在同陈议谈判中，还促使他同意释放了我党被捕的同志，归还了被国民党缴械的我闽中游击队的人员和枪支。之后，张云逸又到漳州向驻闽粤军再次交涉，促使他们归还了被缴的我何鸣部队的人员和枪支。这些归还的人员见到张云逸参谋长时都非常激动地说："我们像是获得了第二次生命，一定上前方杀敌立功，永远跟共产党，干革命到底！"张云逸参谋长热情地接待了他们，教育他们吸取何鸣事件的教训，保持革命的警惕性，并将归还的枪支和收集到的闽南游击队员 100 多人，一起带到闽西交给张鼎丞。后来，这部分人员编入新四军第二支队第四团第一营。

中共新四军第一次代表大会在云岭召开，这是大会会场

随后，张云逸又由闽西返回闽北，动员游击队下山集中，向他们说明下山集中编为新编第四军开赴前线抗日的意义，解除他们的疑虑。集中后，张云逸同胡荣一起将闽北部队带到江西铅山石塘村，再从江西的铅山经横峰、德兴一直带到安徽的岩寺集中。

在张云逸的带领下，部队在行军中，纪律严明，认真执行"三大纪律、八项注意"。沿途在哪里住都要尊重当地的风俗习惯。宿营地住所都要把房子内外打扫得干干净净，借的东西及时归还，损坏的东西一律按价赔偿。临走时都要把房东的水缸挑满，沿途不准抓一个民夫，有重病号自己搞担架抬，轻病号则由别的同志帮忙背东西。部队还组织收容队，收容掉队的同志。张云逸还经常去检查执行纪律的情况，看看地扫干净没有，借的东西归还了没有。沿途的群众看到的和国民党的反动宣传完全两样。老百姓都说,新四军是共产党领导的部队,是老百姓自己的队伍。

在行军中他常常深入连队班排，详细询问有无掉队的战士和病员，询问大家是否疲劳。每到一个宿营地,都再三嘱咐战士们用热水洗脚,发现病员,就立刻亲自去看,请医生诊治,还关心病员的饮食,嘱咐炊事员煮稀饭给他们吃。

一路上整个部队团结得比兄弟还亲,部队很少有开小差的,有的怕离开自己家乡而跑了,后来又自动地转回来了。这样张云逸将闽北这支游击队胜利地带到集中地,并完成了第三支队的组建任务。

第六章　挥戈江北反摩擦

★大洋马赠廖磊

★遵照党中央东进敌后的方针,组建江北指挥部

★指挥若定,妙退颜仁毅

★半塔集硝烟弥漫

★革命的家庭

张云逸送给儿子人生路上的座右铭是:“好男儿自己闯天下!”张云逸这位出生入死的将军,他的肩膀上分担着国家民族的命运,但是,他也需要有个家,一个革命的家庭。

张云逸(右五)同叶挺(右一)和江北指挥部领导邓子恢(右二)及新四军第五支队司令员罗炳辉(右四)在江北指挥部的合影

大洋马赠廖磊

为了对桂系安徽当局做统一战线的工作，张云逸1938年11月从皖南到江北后，曾两次到大别山立煌县(现金寨县)同廖磊谈判。

1938年12月，张云逸由谭知耕、戴季英、李资平等陪同，押着三名日军俘虏，带着缴获的两匹大洋马(一匹张云逸自己骑，一匹准备送给廖磊)来到大别山立煌县。原来国民党造谣说：新四军对日寇是"游击、游击，游而不击"，有的群众半信半疑。当他们知道新四军参谋长押着日军俘虏，牵着缴获的洋马到来时，都极为兴奋，大家议论纷纷。有的说："如果说新四军只是游而不击，怎么又抓了日军的俘虏呢？"有的说："那是国民党造谣不要本钱，是毫无根据的，人家新四军在敌后是真正打鬼子收复失地的，不然会到敌后去干什么呢？"就这样，对新四军的谣言顿时烟消云散。

当时，廖磊是国民党桂系第二十一集团军总司令。1938年秋，桂系军队主力，在日寇的进攻下，从安徽撤退时，受蒋介石的指使，派廖磊率部分军队和人员留在大别山区建立游击基地，并设安徽省政府于立煌县。同年9月，廖磊接替李宗仁任安徽省政府主席。他们企图以大别山为基地，进而控制整个安徽。

11月，桂系在皖东的定远、古河等地设立行政公署，委派行署主任、专员，还收编土匪和地主反共顽固派武装，成立第十、第十二游击纵队，委任纵队司令。他们的目的是同我们新四军争夺皖东敌后阵地。但是，他们在安徽残留的部队也还没有站稳脚跟，力量也不足，对我新四军既畏惧，又有所求，因此，这时他们没有同我军闹翻。由于张云逸参加过辛亥革命和北伐战争，在广西也做过工作，在广西人民当中有一定威望，因此，廖磊对张云逸的到来，表面上还是友好的。见面时，他率官员和随从人员，军容整齐地站立两旁，庄重地向张云逸致以军礼。

张云逸从我党坚持国共合作，团结抗战的原则出发，对廖磊和桂系国民党官员也尽力做友好的团结工作。同廖磊见面时，便将带来的一匹洋马亲自送给廖磊,廖磊很高兴。双方见面时,气氛是融洽的。张云逸还应廖磊的邀请,在群众大会上和干部训练班中讲话。他说:“中国共产党的民主革命纲领同三民主义的革命内容是基本一致的,国共两党有合作的政治基础。我们愿同友党友军和各界人士在抗日民主的基础上真诚合作,坚持抗日民族统一战线,坚持团结,共同抗战到底!在大敌当前,抗战第一,万万避免内部摩擦,兄弟阋墙,损失抗战力量。只有这样,才能取得抗战的胜利。”

他的真诚讲话,深受干部、群众的欢迎,争取了更多的人对我党我军的同情和支持。由于张云逸和我党的许多同志长期做桂系的统一战线工作,1940 年春,当继任安徽省主席李品仙搞反共摩擦时,桂系的一些干部和大批青年学生,不满他们的反共行径,毅然跑到皖东参加了新四军。

张云逸在同廖磊会谈中对廖磊说:“为了深入敌后,广泛开展抗日游击战争,我军第四支队除留一部在皖中继续坚持游击战争外,拟东进皖东敌后,在淮南路和津浦铁路东西两侧开展游击战争,盼廖主席予以同意和支持。”

新四军的东进,有力地打击了苏皖的敌伪军,钳制了沿江向华中内地进犯的日寇军力。图为1938年,张云逸(二排左四)同新四军部分干部在安徽泾县云岭合影

张云逸这样向廖磊说的目的是为了防止我军在贯彻中央的东进方针时,桂系安徽当局借口刁难。廖磊认为把新四军挤向东去,也有好处。但他又怕日后新四军在皖东占据广大区域不好对付,便说:“贵军大部开往淮南路和津浦路南段东西两侧地区活动,我理应赞同。不过

你们的力量小,应限在津浦路东西两侧30里以内活动,不要把活动区域铺得太宽。”张云逸一听,心里明白廖磊同意我军东进,又限制在30里以内活动,目的是置我军于日军的攻击之下,以便借刀杀人,便说:“廖主席很爽快地同意我军东进,我表示感谢。不过限制我军在30里以内活动,那是不行的。廖主席也非常明白,游击战术的特点就是出没无常,游动不定,乘敌不备,猛行攻击,来无影、去无踪,使敌人无从捉摸,这样才能打击敌人,保存自己,如果限制四支队在30里以内活动,地区这样小,叫四支队怎么去打游击?因此,四支队应在皖东广大地区活动,不能加以限制。”

廖磊听后,自知理亏,而张云逸所说的句句在理,只好默然。我军东进皖东的问题,虽然双方的目的各不相同,但我们取得了桂系的同意,这对于我方是有利的。以后李品仙在1940年春挑起反共摩擦,强令我军从皖东南调时,张云逸就曾以“我军在无为地区和津浦路西、路东地区活动是安徽省前廖故主席正式划归我新四军驻防作战的区域”作为理由之一,坚决拒绝南调。但是我军在这些区域活动的范围双方未能取得协议,廖磊想限制我军活动区域,张云逸则坚决不同意他的限制。

他在会谈中对廖磊说:“四支队东进皖东以后,留下的队伍力量薄弱,要担负坚持皖中游击战争和同皖南军部联络的任务是困难的,因此,请政府同意在皖中建立江北游击纵队以便担负上述任务。”廖磊认为区区地方游击队成立了也不碍大局,就说:“同意江北游击纵队以地方名义成立,报五战区司令长官李宗仁批准。”

经过谈判,张云逸还说服了廖磊同意给新四军四支队和江北游击纵队发军饷。廖磊说:“经费不够,由省政府发给。”谈判结束后,张云逸即找到省政府财政厅长章乃器,要他按四支队两个团和一个江北游击纵队的编制发给经费。

张云逸这次同廖磊的谈判,是取得了一定的成果的。廖磊一方面不得不在表面上对我军表示给予支持,另一方面又想对我军加以限制。在谈判中他对我军硬性规定,军饷不得自筹,要尊重行政系统,不得收缴民枪。

谈判结束后,张云逸根据党中央的指示,积极动员第四支队东进,并着手将无为、庐江一带我党领导的游击队和人民自卫军统一扩编为江北游击纵队。同时,冲破廖磊的束缚,独立自主地恢复了已被解散了的第四支队第九团和挺进团。还开办了一个散导队,广泛吸收知识青年,将他们训练一个或半个月,就派出去搞武装,扩大队伍。当时,有的同志受王明右倾投降主义的影响,怕自己建立武装得不到国民党的承认,因而不敢大胆干。张云逸对他们说:"我们完全可以独立自主地发展武装,并不需要国民党承认,国民党也不会承认的,只要群众承认就行了。"廖磊规定新四军不能自筹经费。张云逸认为靠国民党发饷、靠募捐和没收当汉奸的大户来解决供给问题是不行的,我们要自己派区长、县长,建立税收机构搞税收。

抗日战争时期,张云逸同陈毅等在一起。左起:罗炳辉、张云逸、项英、陈毅

为了进一步对桂系驻安徽当局做统一战线工作,团结对敌,冲破国民党对我军的限制,发展我军的抗日力量,1937 年 7 月 7 日,张云逸同叶挺军长一起到立煌县同廖磊会谈。

当时,桂林驻安徽当局,根据国民党五届五中全会制定的"溶共、防共、反共"的反动政策,消极抗战,积极反共。他们在淮南路以东地区派专员、县长,恢复政权,大肆扩张封建武装。同时限制我军的发展,诬蔑我军广泛开展抗日游击战争是"越界活动"、"游而不击",要缩小我新四军的活动范围。

张云逸同叶挺军长到立煌县后,按照原来商定的方案,于 11 日、13

日两人分别同廖磊会谈。叶挺军长主要是谈军事问题，张云逸主要是谈政治问题。中心是要打破国民党对我军的限制，扩大我军队伍和活动范围。张云逸在会谈中，着重说明，皖东敌后具有迅速发展抗日游击队、广泛开展抗日游击战争、打击日寇的有利条件，战略地位极为重要。为了共同抗日，夺取抗战胜利，张云逸向廖磊提出要大力发展抗日游击队武装。当时廖磊正害怕我新四军力量的发展，因此，听后心中不悦，但口头上又不得不表示赞同。接着，廖磊装着关心我军经济困难的样子，说："你们没有钱，兵要精，不要多。"又说："新四军不要过于扩大，以便影响给养发生困难，兵站少设，可节约经费和兵力。"张云逸严肃地对廖磊说："要战胜日本帝国主义，没有强大的力量是不行的，我们的力量不是多了，而是少了。你们为什么要往大别山，而不到安庆、合肥去呢？蒋介石为什么要到四川，而不到上海、南京去呢？这是因为你们的力量不够，怕鬼子打！"张云逸又接着说："如果我们新四军不发展，力量不够，我们同日本鬼子打仗失败了，你当司令的也不光荣吧。"这些话使得廖磊无言可对。接着，张云逸向廖磊提出了几项要求，他说："要扩大和发展抗日武装力量，就不能无原则地限制我军活动；我军活动区域的民众运动和合理的筹饷政府应给予协助；要发8月份的补助费。"对张云逸所提的几项要求，开始廖磊不但不同意，反而指责我军自筹军饷，截取了政府的税收，组织游击队阻碍了地方政府组织后备队。对于廖磊的指责，张云逸据理陈述，他说："扩大抗日力量这是战胜日寇的需要。很多青年看到我军纪律严明，影响良好，来到部队门口要求参加我军抗日，这是好事。我们怎么

1939年5月4日，新四军江北指挥部在庐江东汤池成立。图为张云逸在新四军江北指挥部成立大会上讲话

能把这些爱国青年拒之门外？他们既然来参军了，就得给饭吃，要给饭吃，就得筹饷，这是大家都容易懂得的道理。”接着，张云逸又说：“抗战开始，蒋委员长就有‘地无分东西南北，人无分老幼均有武装抗日之责任’的号召，今年纪念七七抗战两周年，蒋委员长在发表给沦陷区同胞书中又号召‘民众自动组织发展游击战争，坚持抗战’。我军在防区内组织游击队，配合军队作战，正是具体实施最高统帅的意志。我们这样做，廖主席不会不同意吧！”廖磊只好同意了这些要求。谈判结束后，张云逸于7月15日返回新四军驻地。

遵照党中央东进敌后的方针，组建江北指挥部

皖东是淮南铁路以东，淮河以南，长江以北的安徽省地区，也称淮南地区。它南与长江隔岸的我新四军军部及第一、二、三支队相望，北同淮河北岸的我新四军第六支队及山东、苏北的八路军活动地区相连，是八路军和新四军南北相互联系的枢纽，又是大别山区的前卫。津浦铁路纵贯其中，如果控制了皖东，便能破坏敌人的南北交通，威胁南京、徐州、蚌埠。因此皖东战略地位极为重要。在那里，日伪军虽然占领了大、中城市和交通要道，但广大农村他们无法控制，有大片空隙。中、小城市的防备也薄弱，没有国民党的正规军。当地群众和从南京、上海等城市回乡的知识青年强烈要求拿起武器，奋起抗日。因此，这个地方是我军东进敌后，放手发展武装，建立根据地，开展游击战争的有利地区。

我新四军在江北活动的第四支队，遵照党中央东进敌后的方针，虽然已于1938年4月进到了皖西，皖中的舒城、庐江、巢县、无为地区，初步打开了皖西、皖中地区的抗战局面，但是，出于第四支队的个别领导同志对中央东进敌后的战略意义认识不足，对东进皖东地区开展游击战争有顾虑，因而东进迟缓，使我军丧失了向东发展的一些有利时机。

当时桂系驻安徽的军队，加紧同我军争夺皖东敌后阵地，我军如果再不东进，将十分被动。因此，加速我军东进刻不容缓，机不可失，时不再来。为此，新四军军部根据党中央的指示，派张云逸参谋长于1938年10月17日率军部特务营到江北巡视。他们于11月下旬抵达江北。张云逸到江北巡视的主要任务就是贯彻执行中央的东进敌后的方针，推动四支队东进皖东，放手发动群众，发展抗日武装力量，建立皖东根据地。

张云逸到江北后，在舒城的西蒋冲召开四支队干部会议，向他们传达中央的东进方针。他还亲自到全椒县大马厂四支队八团的驻地去传达中央的指示。

张云逸对四支队的干部说："党的六届六中全会的精神是要坚持抗日民族统一战线中的独立自主原则，要在敌后独立自主地广泛开展游击战争，建立根据地。我们不能只进到舒城、庐江、无为等皖西、皖中地区，我们要贯彻中央的东进敌后方针，迅速东进皖东，到津浦路西、路东，开展游击战争，建立路西、路东根据地。"有的同志顾虑东进敌后，没有山区作依托，不能打游击战。对此，张云逸说："在外敌入侵的形势下，同内战时期是不同的。在敌占区的广大后方，绝大多数同胞要求抗日，我们有广大群众的拥护，没有山地，平原地区也可以打游击，建立根据地。西接津浦路东西两侧也有山，地势好，又没有国民党正规军队，在那里我们更能自由地放手发动群众，发展和扩大武装，建立根据地。要开展游击战争没有根据地不行，要建立根据地，没有武装也不行，因此，必须发动群众，开展统一战线工作，团结一切可以团结的力量，争取我们的同志和进步分子去当区长、县长，建立根据地政权。"

经过张云逸的推动、说服、解释，四支队的广大干部纷纷表示赞成中央的东进方针，东进皖东。四支队八团，在团长周骏鸣、参谋长赵启民的带领下，率先进入全椒县的太马广一带，开展游击战争。张云逸过江北巡视后，1939年春，他们进一步在淮南路东的梁园、合肥东北、滁县一带开展游击战争。四支队七团，也于1938年12月越过淮南路到合肥的青龙厂一带开展游击战争，以后又到定远附近。

1939年元月，张云逸从立煌县同廖磊谈判回来后又进一步动员四支队东进,要求四支队除留一部同新扩编成立的江北游击纵队在皖中坚持游击战争并担负同皖南军部联络外,大部要加速东进皖东。对此,四支队的个别领导同志思想不通。他们认为舒城、桐城、庐江地区是大别山的外围,地形好,有山可以依托,群众基础好,人民生活富裕,是建立根据地的好地方。因此,他们坚持舒、桐、庐一带建立根据地为理由,不同意将四支队大部分部队进一步东进皖东。对于这种主张,张云逸采取了耐心说服的态度。他解释说:“东进皖东敌后是党中央的正确方针,我们既要在舒、桐、庐地区坚持游击战争,建立根据地,又要进到皖东广大地区开展游击战争,建立皖东根据地,我们要大胆地向外发展,凡敌后一切没有国民党正规军队的地区,我们便要大胆地去。皖东那里没有国民党的正规军,便于我们在那里放手发动群众,迅速发展和壮大我们的力量,建立根据地。”

张云逸多次找该领导同志谈话,进行说服教育。同时也向四支队的广大干部做解释工作。经过耐心地争取,越来越多的四支队干部认为张云逸坚持中央东进的方针,把四支队大部分开往皖东是正确的,不少干部主动到张云逸那里,表示拥护中央的东进方针,把四支队开往皖东去。在此情况下,该领导同志同意四支队特务营也东进。

1939 年 3 月由四支队参谋长林维先率领支队司令部和特务营越过淮南路进到合肥青龙厂一带,戴季英率支队政治部进到李家围子一带,四支队的东进又进了一步。

但是由于该领导同志仍然以在舒、桐、庐地区建立根据地为由,不同意四支队大部分东进,因此,九团等仍滞留不动,四支队东进皖东的战略展开任务未能实现。张云逸如实地向军部汇报了四支队东进情况,并请示解决办法。

针对华中和皖东的情况,中央发出了重要的指示。为了迅速完成我军在皖东的战略展开任务,进一步解决四支队东进的问题,叶挺军长于1939 年 5 月 3 日亲自过江赴庐江东汤池组织江北指挥部。5 月 5 日江北指挥部正式宣布成立，张云逸兼任指挥，随叶挺过江的赖传珠任参谋长，邓子恢兼任政治部主任。同时成立江北指挥部前委，张云逸任前委书记。

江北指挥部设在庐江东汤池一个大地主的四合院里。那里依山傍水，树木葱茏苍翠，门前的一口水塘里，鱼群游逸，水波粼粼，是一个好地方，江北指挥部的各机关就分别设在院内的各房间办公。张云逸指挥和叶军长来时的卧室兼办公室也都安排在这个宅院里。他们在这里接待下面来的干部，听取汇报，召开会议，布置工作。一直到8月间随着我四支队的东进，江北指挥部才从这里迁到定远藕塘大桥镇附近。

1939年5月，张云逸等在新四军第四支队第九团驻地。左起：叶挺、赖传珠、罗炳辉、张云逸

江北指挥部成立后，叶挺军长、张云逸指挥和邓子恢等同志立即召开四支队干部会议，重申中央东进皖东，建立皖东根据地的指示，由叶挺军长命令四支队限期东进皖东，张云逸、邓子恢又深入对四支队干部做说服教育工作。四支队的广大干部表示坚决拥护军部的决定。这样，四支队的七团、九团、特务营均东进到了青龙厂一带。

为了组织东进，扩大敌后游击活动范围，建立皖东根据地，张云逸立即着手整编和训练部队，对四支队的领导进行了调整。6月下旬，军部决定徐海东为江北指挥部副指挥兼第四支队司令员(在延安，未到任)，郑位三为政委，林维先为参谋长，下辖为七、九、十四三个团，约4000人。同时以原八团为基础，加上十五团、挺进团，组成了第五支队。7月1日第五支队正式宣布成立,罗炳辉为司令员,周骏鸣为副司令员,郭述申为政委。下辖第八、十、十五三个团,共约2000余人。

部队整编后,张云逸立即动员部队,扩大我军敌后游击活动范围,迅速发展我军队伍,发动群众,建立根据地。当时有的同志受王明右倾投降主义的影响,怕我军扩大,会引起摩擦。这时桂系也加紧了对新四军的限制,因而摩擦、纠纷事件也多了起来。对此,张云逸说:“我们扩大武装是为了抗日,而国民党始终是想限制和消灭我们的力量。我们要求得生存,摩擦是一定会产生的,我们不怕摩擦、要敢于反摩擦。我们现在之所以有摩擦,是国民党欺侮我们力量太少,什么事情都还要向廖磊请求,如果我们的武装发展到10万人,那时,国民党就不敢与我们摩擦了,什么事情还要反过来请求我们,不然他的省主席就当不成。”在张云逸的动员、教育下,广大干部的认识迅速提高,部队的战斗情绪日益高涨。

张云逸经过同指挥部其他同志和鄂豫皖区党委研究后对根据地的开辟和各部队的任务作了如下的部署:五支队挺进津浦路东,以来安县的半塔集为中心,开辟津浦路东根据地,由四支队在津浦路西,以藕塘为中心开辟津浦路西根据地,由江北游击纵队和地方党委坚持以舒、桐、庐、无地区为基础的根据地。这些根据地的开辟,都必须以武装部队配合地方党委,放手发动群众,建立党的群众组织,努力进行统一战线工作,坚决打击日寇,消灭土匪和地主反共顽固派武装,扩大我军力量,努力将区、县政权掌握在党和进步分子手中。各部队根据张云逸的这一部署,都行动起来了。

8月下旬,五支队司令员罗炳辉和政委郭述申率领支队的司令部及八团、十五团进到了津浦路东。接着,十团也于10月进到了路东。五支队到路东后,以来安的半塔集为中心,分兵于来安、天长、扬州、盱眙、嘉山、六合等县,配合大批干部和战地服务团人员组成民运队,深入农村发动群众,宣传党的统一战线政策,建立各种群众组织,扩大部队,开展游击战争。9月、11月两次攻打来安县城，取得了胜利，开辟了以半塔集为中心的津浦路东根据地。

江北游击队，在孙仲德司令员和黄岩政委的领导下，扩充了自己的队伍，坚持在巢县、无为地区抗战，坚持皖中游击战争，保持与皖南军部的联系，一部分进到和县、含山地区开展游击战争，和地方党委坚持以舒、桐、无、庐地区为基础的根据地。

四支队以藕塘为中心，迅速开展工作，游击活动地区扩大了，部队也扩大了，群众也进一步发动和组织起来了。张云逸于8月间率领江北指挥部及直属队，以及鄂豫皖区党委于八月间由庐江东汤池挺进到定远县大桥镇附近。

1939年11月，张云逸到江北后的一年中，我军东进皖东向敌后实施战略部署的任务完成了，但是建立皖东根据地还有很多工作要做。

1939年11月底，刘少奇偕江北指挥部副指挥徐海东来到了皖东。向干部传达了中央指示，对张云逸贯彻中央东进敌后方针所进行的工作作了充分的肯定。他诙谐地问大家："游击战争到哪里去打呢？是到敌人后方去，还是坐在国民党后方？"又说："不入虎穴，焉得虎子。"

1939年5月5日，新四军江北指挥部在安徽庐江县东汤池成立。张云逸任指挥，徐海东（讲话者）任副指挥，下辖第四支队、第五支队

他号召所有江北部队要以实际行动实现中央东进的决心。"向东发展，一直到黄海边，不到黄海边，一分钟不停止。"并强调说，"要抗战，一是要有枪杆子，二是也要有家——根据地，只有这样才能把群众发动起来。"

张云逸和全体指战员都非常兴奋,大家下决心深入敌后,迅速扩大武装,发动群众建立根据地。据此,安排各项工作迅速展开,经过 3 个月的努力,群众工作、统一战线工作都有了迅速的发展,各团兵力也得到了充实和扩大。

由于根据地的建立和发展,引起敌人的畏惧和憎恨,1939 年 12 月,日本鬼子约两三千人向我滁县、沙河集、全椒等地发动"扫荡"。张云逸同徐海东一起研究决定,把四支队全部兵力调上去反击敌人的"扫荡"。在战术上采取"诱敌深入"、"敌进我退,敌驻我扰"的方针。反"扫荡"由张云逸统一领导,徐海东在前线具体指挥。这次反击敌人的"扫荡",虽然我们的装备比较差,但由于我们的战术方针正确,战士们作战勇敢,12 月 21 日在全椒周家岗一带粉碎了敌人的"扫荡",我军乘胜追击,收复了周家岗、复兴集、大马厂、古河等地,共毙伤敌军 100 余人,迫使敌人窜回原防。这一仗政治影响很大,从此,我军威震皖东。此后,我军在津浦路西的游击根据地扩大到包括定远、凤县、嘉山、寿县、滁县、全椒、和县、含山等县。皖东的敌后抗战局面完全打开了。

指挥若定,妙退颜仁毅

1940 年 3 月 7 日, 国民党安徽省政府主席李品仙策动驻皖桂系顽军 5000 多人,分三路围攻皖东津浦路西定远县大桥镇。其中皖北行署主任颜仁毅率 3000 多人由北而来, 皖东专员李本一率 2000 多人从南而来,定远县县长吴子长率五六百人自西而来,妄图一举消灭驻大桥的新四军江北指挥部和第五支队司令部及后方机关。由于顽军行动诡秘,沿途封锁消息,当新四军发现时,颜仁毅的先头部队已迫近池河西,距江北指挥部仅一水之隔了。

而此时新四军的兵力几乎全上了前线, 驻大桥部队除 1 个特务营外，剩下的全是老弱病残，情况十分危急。大敌当前，时任新四军江北指挥部指挥的张云逸临危不惧，从容调兵遣将，部署“反摩擦”。他首先果断命令离大桥较近的第四支队第十四团火速从红心铺驰援大桥，命令特务营迅速占领池河东岸的有利地形，准备坚守待援。宛如诸葛亮弹琴退仲达一样，张云逸也从容不迫地安排了一曲空城计。

新四军副军长张云逸

第二天一早，只见池河西岸成百上千群众手持彩旗，敲锣打鼓，高呼“欢迎国民党军抗日”、“枪口对外，一致抗日！”等口号。刚刚开到的顽军一个个目瞪口呆，不知所措。这些群众手提茶水、香烟来到颜仁毅部队，倒水递烟，说着没完没了的话，千方百计地拖延时间，拖住了这股敌人，从而为新四军主力的到来争取了集结兵力的时间。

后来，顽军不顾抗日大局，悍然发起进攻，张云逸立刻命令所属部队奋起反击。第七团在界牌集附近一举击溃李本一的主力，将其赶回古河，挫败了他妄图与颜仁毅会师大桥的计划。第十四团在攻克定远县城后，又同第九团一起击败了回援定远的吴子长部，从而迫使颜仁毅主力离开其张桥据点，北上增援定远。颜部在运动中被新四军围歼于高塘铺，生俘其支队副司令以下数百人。这时，张云逸根据有理、有利、有节的斗争原则，从抗日大局出发，命令部队停止进攻颜军指挥机构，放颜仁毅余部逃至寿县，并主动向颜仁毅提出和谈建议，从而为后来在皖东形成的以淮南铁路为界，新四军与桂系军实行分区抗战的局面创造了有利的条件。

新四军攻克定远县城后，张云逸即以江北指挥部的名义，独立自主地委派魏文伯出任定远县县长，在华中地区建立起了第一个县级抗日民主政府。随后又先后在滁县、凤阳、全椒等县建立起抗日民主政府,从而为在津浦路西建立巩固的抗日根据地奠定了基础。

半塔集硝烟弥漫

正当新四军第四、五支队主力在津浦路西激战桂系顽军的时候,国民党江苏省政府主席韩德勤乘机纠集 10 个团约 1 万人的兵力,于 3 月 21 日在津浦路东向新四军第五支队指挥机关所在地半塔集发动进攻,企图与路西桂系顽军呼应配合,对新四军东西夹击,并一举拔掉新四军路东根据地。

此时留守路东根据地的新四军仅有 1000 余人,其中半塔集约 500 人。在此危急时刻,张云逸镇定自若,命令路东部队和机关组织动员一切力量,调整部署,坚守半塔集;调遣四、五支队主力回师东援;同时分别致电李宗仁、白崇禧和蒋介石、顾祝同,揭露和抗议国民党顽军对新四军江北部队的大规模军事进攻,吁请他们立即制止这种破坏团结抗日的行动,严惩凶手,抚恤新四军被害人员。

在和平努力无济于事的情况下,张云逸下令武力反击。路东留守部队在邓子恢、郭述申、周骏鸣的指挥下,积极防御,顽强固守,恶战七昼夜,击退了 10 倍于我之敌人一次又一次的进攻。路西四、五支队主力在反击桂系顽军进攻取得基本胜利后,立即兼程东进。与此同时,张云逸一面向李品仙提出,以淮南路为界、分区抗战为条件进行和谈,一面命令留守路西部队保持警惕,对桂系顽军可能继续发动的进攻以游击战进行反击,坚守路西阵地。

3 月 27 日,正当半塔集战斗最激烈的紧要关头,由张云逸、罗炳辉率领的四、五支队主力抵达路东张山集一带。同时,根据新四军江南指挥部指挥陈毅的命令,叶飞率江北挺进纵队由泰州、扬州地区兼程西进,直插韩军侧背，与东进部队对敌形成东西夹击之势。韩德勤部惧怕全军覆灭，遂仓皇逃窜。半塔集之围告解。张云逸下令全线出击，追歼逃敌。至3月底，共歼敌3000多人，将韩德勤撵至二河以北地区。同时还扫除了天长、六合、盱眙、来安、嘉山、高邮、仪征等县的反共政权，并独立自主地建立起抗日民主政府。

定远、半塔集自卫反击战的胜利，是华中新四军首次反击国民党顽固派军队大规模反共"摩擦"取得的重大胜利，它沉重地打击了国民党顽固派的反共气焰，巩固和发展了皖东抗日根据地。毛泽东评价说，四、五支队反对韩德勤、李宗仁向皖东进攻的自卫战，"是绝对必要和绝对正确的，而且是使顾祝同不敢轻易在皖南、苏南向你们进攻的必要步骤"。

革命的家庭

1940年3月，正是淮南春光明媚的季节，张云逸却承受了一次巨大的感情上的折磨。1940年春，国民党发动了第一次反共高潮，张云逸所领导的部队及游击根据地，处境相当危急。面临国民党顽固派大军压境的严峻形势，张云逸临危不乱，他与中原局刘少奇、郑位三等领导人通宵达旦地研究和部署作战方案。在张云逸的统一指挥下，主力部队和地方党群组织、自卫队相互配合，取得了路西、路东反顽作战的胜利。可是，国民党顽固派并没有因此罢手，不仅在军事上紧锣密鼓地加紧进攻准备，而且，他们还不择手段，以更卑鄙的方式，到处捕杀迫害我军官兵及其家属。

1940年3月22日，张云逸的妻子韩碧和10岁的儿子张远之被扣押。国民党得知韩碧和张远之是张云逸的妻儿，兴高采烈。一起被扣押的还有新四军的干部和护送的战士25人，以及他们携带的7万元军款和枪支弹药。张云逸的妻儿一行被扣押的消息传到新四军江北指挥部以后，指挥张云逸和参谋长赖传珠极为愤怒，他们认为自从国民党政府颁发《限制异党活动办法》以来，国民党顽固派先后制造了平江、竹沟、鄂东等惨案，屠杀共产党人。这次保安八团又扣押我方人员，也是皖中顽固派制造摩擦的开始,我党我军必须采取有效办法,化险为夷。

于是张云逸致电蒋介石、林森、李宗仁、白崇禧,怒斥他们的罪行:“近查皖豫鄂各省地方政府,拘捕侮辱,杀戮我新四军官兵家属,到处皆是,被害已有千数百人,今竟侮辱及于职等高级军官之眷属,于法于情,实难忍默。”电文还说:“彼等炮火余生,不罹于暴寇(指日寇)之手,反被国家军队横加捕押,妻子何辜?遭此荼毒。况职(指张云逸自己)弃家抗战,家属从未受优待,亦不应加以侮辱。”

张云逸在电文中强烈要求国民党政府下令释放妻儿及曾绍铭(团政委)等官兵,立即归还我新四军枪支、弹药和军款,还强烈要求国民党政府通令所属各部绝对不能残害我新四军官兵及家属子女,对违法者,必须以军法严处!写毕这份电报,张云逸不由自主地想起爱妻爱子。韩碧出生于广东省文昌县一户贫苦农民家里。她自幼随父母沿街乞讨,吃尽了人间痛苦。几年后,父母先后病逝,她便到广州一家工厂当了童工。1922年,在粤军担任营长的张云逸看到粤军总司令陈炯明背叛了孙中山,大失所望,便离开粤军隐蔽到广州一家医院,准备另图实施孙中山的三民主义纲领的办法。1923年,经人介绍,张云逸和韩碧喜结良缘。俗话说,夫贵妻荣,但是,韩碧和张云逸结婚以来,连团聚的日子也很少啊!儿子远之刚刚半岁时,张云逸就告别了妻儿,为党的工作而四处奔忙。一别8年,未与妻儿见过面。1937年上半年,时任红一方面军副总参谋长的张云逸奉党中央之命,到香港开展华南抗日民族统一战线的工作。他和亲友多方寻找,终于找到了隐蔽在广州以理发为业的妻子。他含泪把妻儿接到香港,妻子协助他做党的秘密工作。到香港后他们一家人住在一间不到15平方米的阁楼上,这里狭窄、低矮、闷热,既是寝室又是办公室。室内放着一张硬板床,一张桌子,一把藤椅,还有木凳,拥挤不堪。虽然条件简陋,工作繁重,然而,韩碧母子却感到十分满足。这总是个家呀!儿子受到父亲的关爱,夫妻团圆和睦。半年之后,张云逸又要离开香港返回延安，妻儿也要跟他去延安。张云逸耐心地劝道："咱们一起走目标太大，等我回去把一切安排妥了再派人来接你们母子俩，这样比较安全些。"韩碧嫣然一笑，说："那好，我和儿子耐心等待！"

就这样，这对恩爱夫妻又离别了。如今，组织上多方设法委托曾昌明将他们母子带到桂林，再经组织送往淮南张云逸所在部队。不料他们从皖南军部过长江以后，路经安徽的无为县襄安镇时被国民党安徽保安第八团扣押。当国民党顽固派知道韩碧是张云逸的妻子时，竟手舞足蹈，欣喜若狂。他们要把韩碧和10岁的远之扣作人质，想借韩碧软化张云逸。于是他们起草了一份电报，急速将韩碧等一行被扣详情报告给蒋介石。国民党南京政府立即回电："同意，秘密扣押，当作人质。"

一天，保安第八团团长邱正华威迫韩碧给张云逸写信。邱正华说："我对张云逸将军是十分佩服的！自从他领导百色起义后，军事天才就已名闻寰宇。我们的蒋委员长对他十分器重。你写信劝劝，只要他到蒋委员长这边来，发表一条小小的声明，一来与妻儿可以团圆，二来也能高升。"韩碧深明大义，她说："云逸早年参加辛亥革命，为国为民奔走，革命意志坚定不移。他参加共产党，坚持革命，坚持抗日有什么错？要他离开共产党，投向你们国民党这样的信，我不会写。"邱正华阴险假笑道："哎，张太

抗日战争进入相持阶段后，国民顽固派从以政治反共为主转向以事反共为主，制造多起军事反共摩事件。图为根据地军民举行游行，对国民党顽固派的反共活动

太,我可是一片诚心,为了你们全家的幸福。”韩碧愤然回答:“在国难当头的时候,我们新四军忍饥挨饿,天天与日本鬼子作战,你们掉转枪口屠杀自己的同胞及家属,你们还谈什么慈善?谈什么全家幸福!”

邱正华发怒了:“我看你还是放明白点好,不要敬酒不吃吃罚酒。你不写这封信,将来就有啃不完的苦果子!”她面对顽固派威武不屈:“你们抓了我,要打、要杀,随你们的便!我宁愿一死,也绝不出卖自己的灵魂!”

她将生死置之度外,敌人的刺刀又奈她何!张云逸为营救妻儿及新四军官兵,他和赖传珠商量,选派江北游击纵队政治部宣传科科长田丰少校,带领警卫员和马夫,前往无为县城与保安旅司令吴绍礼谈判。不幸的是田丰等三名谈判人员也遭扣押,受到严刑拷打,最后,竟被惨无人道地活埋了。

田丰遇害后,顽军不仅不释放新四军被扣人员,反而将他们陆续杀害。团政委曾绍铭也惨死在顽军的屠刀下。除一人逃跑外,只剩下受尽折磨的韩碧母子。这时,在重庆的周恩来副主席出面,亲自过问此事,向蒋介石等反复申明大义,要以国家民族为重,尽快释放新四军官兵家属以利抗战。

直到1940年9月,国民党反共顽国派才释放被扣押了7个月之久张云逸的妻子韩碧和儿子张远之。韩碧从血泊中走出来了,10岁的张远之也经历了一次严峻的考验!韩碧、张远之从岳西辗转来到新四军江北指挥部驻地淮南。韩碧见到了丈夫,热泪忍不住掉了下来。张远之劝道:“娘,你别哭,见到爹咱们应该高兴呀!”张云逸也劝慰说:“儿子说得好,我们全家团聚了,应该高兴呀!”

张云逸对妻子和子女有着深沉的爱,但是作为高级领导者,他严格要求自己,没有把这种深沉的爱化作特权,他也严格要求妻儿,教育他们要和群众同甘共苦。韩碧说:“云逸教子是严格的。他常对我说:我们对孩子要严格，丝毫不能使他有任何特殊感。要督促他努力学习，将来革命胜利了，我们党和国家需要有真才实学的人，建造新中国，创造新生活。”

新中国成立初期，张云逸的小儿子张光东从青岛转学刚到北京时，他不同意孩子舍近求远到条件比较好的学校入学，他说：“这附近就有北池子小学，就让光东和老百姓的孩子一起学习吧！”张云逸送给儿子人生路上的座右铭是：“好男儿自己闯天下！”张云逸这位出生入死的将军，他的肩膀上分担着国家民族的命运，但是，他也需要有个家，一个革命的家庭。

第七章　华中敌后抗战的艰苦阶段

★乔装除奸

★天仪扬地区反扫荡

★抗大八分校,六年校长,弟子四千

★组织生产自给

枪炮的肚皮解决了,人的肚皮更要解决好。张云逸一个命令下去,部队便轰轰烈烈地开展了开荒种粮、喂猪种菜等活动。在那艰苦的岁月里,张云逸职务高,年龄大,身体有多种疾病,但是他带头抬石、开荒、捡粪,样样农活都抢着干。在张云逸的带领下,当时,淮南根据地和二师不但在财政和粮食上支援了其他根据地,还生产出手榴弹、子弹、迫击炮弹、地雷,供应部队的需要。

新四军战斗序列暨主官姓名

（1941年3月）

代军长　陈毅
政治委员　刘少奇
副军长　张云逸
参谋长　赖传珠
政治部主任　邓子恢

第1师

- 师长　粟裕
- 政治委员　刘炎
- 政治部主任　钟期光

第2师

- 师长　张云逸（兼）
- 政治委员　郑位三
- 副师长　罗炳辉
- 参谋长　周骏鸣
- 政治部主任　郭述申

第3师

- 师长兼政治委员　黄克诚
- 参谋长　彭雄
- 政治部主任　吴文玉

第4师

- 师长兼政治委员　彭雪枫
- 参谋长　张震
- 政治部主任　萧望东

第5师

- 师长兼政治委员　李先念
- 参谋长　刘少卿
- 政治部主任　任质斌

第6师

- 师长兼政治委员　谭震林
- 参谋长　罗忠毅

第7师

- 师长　张鼎丞
- 政治委员　曾希圣
- 参谋长　李志高
- 政治部主任　何伟

乔装除奸

1941年1月4日，国民党顽固派制造了震惊中外的皖南事变。在事变发生后的整整七个昼夜，张云逸和刘少奇、陈毅等新四军领导人彻夜未眠。对国民党顽固派同室操戈、反共媚日的行径万分愤慨，他们时刻注视着事变的发展，用无线电不断向中共中央和毛主席报告新情况，并想法和被围困的新四军领导人联系，及时给予指导和帮助。

1941年1月，新四军军部及直属部队9000余人，由安徽泾县云岭出发绕道北上，在泾县茂林地区突遭国民党第[redacted]战区部队的包围袭击，奋战7昼夜，除2000余人突围外，大部牺牲，一部被俘或失散。图为皖南新四军一部。

1月17日，蒋介石公然发布命令，取消新四军的番号。为了粉碎国民党顽固派消灭新四军的罪恶阴谋，中共中央革命军事委员会针锋相对，于1月20日发布重建新四军军部的命令，任命陈毅为新四军代理军长，刘少奇为政治委员，张云逸为副军长，赖传珠为参谋长，邓子恢为政治部主任。同时将华中新四军部队和八路军部队统一编成七个师，其中第二师由江北指挥部所辖部队编成，张云逸兼师长，罗炳辉为副师长，郑位三为政委，周骏鸣为参谋长。

一年来，张云逸虽然担任新四军副军长，但主要精力仍放在主持二师的工作上。一天，张云逸从第二师师部赶往新四军军部所在地盐城开会。在淮(安)、宝(应)县独立团警卫连护送下，来到了戴湾地下交通站，准备从此地通过大运河封锁线。交通站有个叫彭五的交通员叛变投敌了。

为防不测，交通站负责人及时通知各交通员隐藏起来，副站长王建高也已隐蔽起来，因此站上无人，而这时，天色已渐亮，处境险恶，怎么办？护送的警卫战士们为了副军长的安全，建议张云逸先隐蔽起来，待找到王建高后，次日再另外寻找行进路线渡河。张云逸不同意，他认真地对大家说：“待到明天，就赶不上开会了。”他当机立断，决定来个出其不意。他说：“咱们化装渡河，从敌人眼皮底下闯过去。”

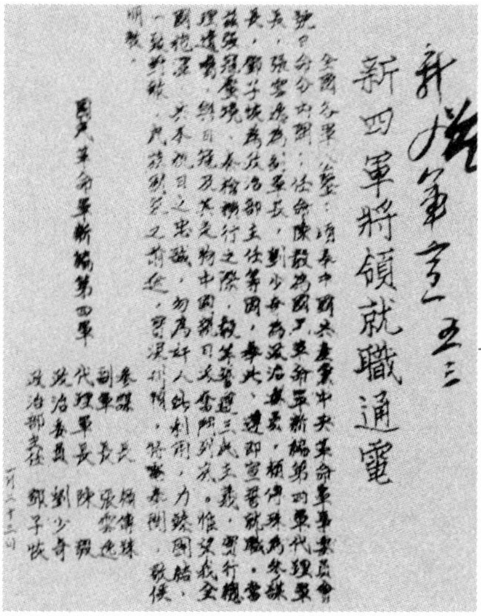
新四軍將領就職通電

國民革命軍新編第四軍
參謀長 賴傳珠
副軍長 張雲逸
代理軍長 陳毅
政治委員 劉少奇
政治部主任 鄧子恢

1941年1月17日，蒋介石宣
新四军为“叛军”，并撤销其番号
声称要将叶挺交军事法庭审判
30日，中共中央军委发布命令，
新组建新四军军部，任命陈毅
代军长，刘少奇为政治委员。图
新四军将领就职通电

经过一番乔装，张云逸和护送的六名警卫战士都打扮成到运河西割草的农民，手拿镰刀和草绳。又几经周折，找到了交通站副站长王建高，弄来一条小木船。这时，天已大亮，张云逸和战士们一起上了小船，王建高划桨，离东岸向西岸驶去。

就在这时，运河堤上由北向南来了十几个敌自卫队员，情况危险万分。张云逸急要王建高把船头调向北划。王建高不解，说，北边是平桥伪军的据点，彭五就在那里为敌人卖命，怎么行？说时迟，那时快，船头刚刚调向北，敌自卫队员就在岸上朝小船喊开了：“船上什么人？到哪里去？”张云逸让身旁一位操本地口音的战士高声答话：“割草的，到平桥去。”那伙自卫队员一听是本地人，又是往据点方向去，有点相信，打算不再理会。可这时自卫队中一位当官模样的人却仍不放过这只船，高声连叫：“把船开过来，我们要检查。”眼看要短兵相接，警卫连的战士人人手心捏着一把汗，性急的把手伸进腰里准备掏枪。张云逸眼疾手快，一把按住，低声说:“不要慌,见机行事。”

张云逸要王建高把船靠拢岸。那个当官模样的人头一个跳上小船,后面几个也想跟着上船,王建高忙喊:“船小,人多会翻的,不能再上了。”并趁机把船往河心荡了荡。

这时,张云逸不慌不忙地从袋中掏出一张纸,在那家伙面前晃了晃,又放回衣袋中,对他说:

“昨天彭五投诚了,根据他的告密,今晚有共产党的重要人物从此渡河,太君要我们化装在这里等候,你来打什么岔?”

那家伙一听说到彭五的名字,有点将信将疑:“你们是哪一部分的?平桥据点里怎么没有见过你们这几个人?”

张云逸泰然自若一笑,答:“平桥据点的人,这里老百姓全见过。化装了也难遮人耳目,共产党和老百姓是一个鼻孔出气,他们会上当吗?所以,我们是从淮安连夜赶来的!”

停了停,张云逸一转念,又继续说:“看来你是小队长了,那好,我们正要到平桥去,找彭五当面谈一下,请你给我们领个路吧!事成之后,有你的好处!”

在皖南事变中与国民党谈判被扣的新四军军长叶挺

说完,煞有介事地朝岸上挥挥手,大声喊道:“你们先执行任务,他跟我们去平桥找彭五。”不等答话,小船就离岸一直朝北划去。岸上的自卫队员往南越走越远。船上的那个自卫队头目还在发愣,忽然一支短枪顶住了他的腰,紧接着一声喝令:“不许动,动

在皖南事变突围中牺牲的新四军副军长项英(左),政治部主任袁国平(中)、参谋长周子昆(右)烈士

就打死你！”

那家伙猛吃了一惊，两眼一眨，正想跳水，两臂却早已被揪住，动弹不得。他只好哀声问道：“你们到底是什么人，干什么的？”

张云逸说：“别问！等会儿找到彭五。你就知道了。”

于是，由这个自卫队头目乖乖领路，张云逸和警卫战士轻而易举地进了平桥，在彭五的姘头家里找到彭五。彭五见是自卫队当官的领路，又听说是淮安太君派来的，来头不小，连连点头哈腰，递烟倒茶，现出一副十足的奴才相。张云逸强忍怒火，对彭五说：“不用张罗，太君有令，你先带我们去抓王建高。”

一听说抓王建高，想到自己升官受奖的机会到了，彭五浑身便来了劲，连忙答应：“行，行！”随后拿了一顶马虎帽，领着众人出门。不一会儿，来到平桥码头，正待上船，彭五一抬头，咦！船上划桨的不正是王建高吗？彭五情知不妙，拔腿就要跑，刚一转身，就被警卫战士踢了个狗啃泥，被反扭双臂押上了船。而那个自卫队头目原来听说要抓共产党，稍有点放心，这时觉得情况有异，忙掏枪报警。张云逸眼疾手快，一下夺掉了他的短枪。命令道：“快送我们出镇，不然先要了你的命！”

另一个警卫战士拔出短刀，逼着他上船。就这样，一行人顺利渡出平桥镇，来到大运河东岸的泾河渡口，上了岸。

张云逸把彭五交给王建高押去就地处决。他走到彭五面前问他：

“你不是想知道我是谁吗？我让你死个明白，我是张云逸。以你小小的叛徒，劳我张云逸大驾，你很占便宜啊！”言毕，

陈毅、张云逸与新四军部分干部合影

一挥手，王建高把彭五给毙了。张云逸又对那个自卫队头目教育了一顿，要他看清形势，支持抗日，不做坏事，否则就和彭五下场一样。警卫战士押着自卫队头目返回了大运河西岸。张云逸在泾河渡口地下交通员的护送下，连夜往新四军军部进发。在新四军军部会议召开之时，张云逸准时到达盐城。

天仪扬地区反扫荡

日本在与苏联缔结中立条约后，积极南进，华中方面兵力空虚，因而采取以攻为守的战术方针，不断地向我地区出扰，并企图占领新据点以巩固其战略据点。天仪扬地区东临京杭大运河，南隔长江与日伪控制的南京相峙，敌我双方争夺十分激烈。

1941 年 4 月 1 日子夜，黄花塘新四军二师师部，经过数天激烈讨论，《新四军二师天仪扬地区反扫荡作战纲要》在一片沉寂的夜色中诞生了。张云逸站在办公桌旁，表情严肃。过了片刻。他坐了下来，又戴上老花镜，小心地拿起《纲要》审视着。最终，他郑重地签上了自己的名字，长舒了一口气。

战斗终于打响了。

新四军一部向华中敌后挺进

新四军第二师第十二团、第十五团、独四团等参战部队遵照“作战纲要”的部署，在副师长罗炳辉的指挥下，在天长、仪征、扬州的广大区域内展开了反点线的连续战斗。

中共皖东津浦路东省委在张云逸的指示下，发动人民群众和地方武装，对天仪扬地区的公路、交通线、电话线进行了广泛的破坏。一夜之间，谢家集至仪征电话线完全中断，天仪公路五座桥梁被炸，交通陷于瘫痪状态。日伪军像没头的苍蝇一样，茫然不知所措。

没等敌人反应过来。我军于10日22时发起了攻击。第十二团全部在谢家集周围展开。一营悄悄接近于北庵阵地。三营移居经集叶庄、丁公殿、田营、小李庄，到雇四房附近有利地形，坚决占领谢家集南庵。二营以两个连兵力驻扎五里墩附近，以一个连坚决消灭来援之敌。

与此同时，独四团开始扰袭天长县城。以钳制消耗敌人，以一个连从天长南门袭击天长，一个连在天长东南活动。一个连用于高邮湖布置打击高邮水道出援之敌，一个连埋伏于获城桥，打击天长以西之敌。十五团主攻金家集。一营破坏了天长至路龙镇的公路，三营破坏了禹王庙附近的一座大桥，二营担任主攻任务。我军在天仪扬地区，为日伪军布置了天

1942年，新四军某部在淮南路西大赵庄与日军作战

罗地网。

张云逸一直密切关注着战斗的进展，根据战斗情况不断向前方发出命令和指示。他要求刘顺元率地方武装开展交通破袭战，尽可能多地破坏敌人的电线、公路、桥梁，要求罗炳辉告诫参战部队，掌握党的政策，给叛徒或汉奸以痛击，争取伪军反正，鼓励爱国士绅。

从 1941 年 4 月 10 日 22 时至 4 月 17 日 14 时，新四军第二师所有参战部队发扬连续作战、不怕牺牲的精神。采取分段埋伏点式纠缠战术，围点打援。集中兵力，坚决消灭敌人。经过三次战斗，先后在谢家集、金牛山、蚂蚁山等地歼灭日伪军 2000 余人，粉碎了敌人建立点线，"扫荡"、"蚕食"我根据地的美梦。

这是我新四军军部重建以后在路东根据地南部进行的一次规模较大的反"扫荡"作战。由于战斗准备细致、充分，战略战术运用得当，我军取得了重大胜利。不仅大量消灭了敌人的有生力量，而且大大提高了我党我军的威信与政治影响，增强了群众抗战信心。同时，通过战斗，锻炼了二师的干部与战士，提高了指挥技术与战斗力，获得了不少战利品，补充了部队。

抗大八分校，六年校长，弟子四千

为坚持敌后抗战，壮大新四军队伍，从而稳定华中敌后的抗战局面，张云逸非常重视从组织上建党建军。1940—1941 年，他创办江北指挥部军政干校(后改为抗日军政大学第八分校)，至 1945 年 8 月结束，第八分校为新四军江北指挥部和二师所属部队以及淮南抗日民主根据地培养训练了大批干部，得到组织的高度赞扬。

在这期间，张云逸不仅以正确的组织原则教育学生，而且身体力行。邓子恢向同志们介绍说："张云逸同志是毛主席表扬的模范共产党员。"张云逸极为重视干部和战士的学习。他对身边工作的秘书、警卫人员、工作人员的学习都抓得很紧，常说："有事我自然叫你们，没有事你们就学习。"他还布置学习任务，检查学习情况，进行具体帮助。

在华东军政大学学习的师、团干部之一部

张云逸非常重视学校的建设工作，他不仅亲自决定办校的大政方针，而且经常到校讲课，作报告，还亲自了解学校情况，检查指导学校的各项工作。在张云逸的领导和关怀下。抗八大分校为新四军江北指挥部和二师部队以及淮南抗日民主根据地。培养了大批干部，对坚持敌后的抗战起了重要作用。

1942年8月，在中共中央华中局和新四军军部召开的华中抗大工作会议上，陈毅军长发言说："……八分校教育工作和学校管理方面有许

抗日军政大学第八分校于1941年5月4日成立。图为学校旧址

多优点。八分校注重军事演习，开办文化预科，注重体格锻炼，注重学校生活的严格化，养成了严格的军人生活，为部队输送了大量的政治人才和军事人才。”

然后陈毅扭头看了看张云逸，开玩笑地说：“我说胜之喽，人们都说孔子有弟子三千，七十二贤人。我看，你的弟子可远远超过了这个数字啊！”说完，陈毅、张云逸和在场的人都哈哈大笑。

组织生产自给

皖南事变发生后华中敌后抗战进入艰苦阶段。1941 年 4 月 30 日，根据中央军委决定，组成了新四军第二师军政委员会，张云逸任书记，罗炳辉、郑位三、郭述申、周骏鸣为委员。1942 年 2 月成立淮南军区，张云逸兼军区司令员，郑位三任政治委员，罗炳辉任副司令员，周骏鸣任参谋长。

淮南军区有 4 万将士，队伍壮大了，可是，这些将士的弹药粮饷却没有着落。一发迫击炮弹是当时农民 8 亩地小麦产量的价格，而在一次路西战斗中就消耗了 300 多发。有这样的战例：一支新四军小分队，跟日军交火不久就打不响了。怎么回事？没子弹了。没子弹还怎么打？只有撤退。不仅是撤退，而且付出了伤亡过半的损失。还有一支小分队，执行奔袭作战任务的时候，由于长期连续的营养不良和过度疲劳，全部人马竟然在半路上就累垮了。这些事使他十分痛心。他一直在苦苦思索：怎么摆脱目前的困境？

“飞马”牌香烟是新四军自己烟厂生产的，解决了新四军干部战士的香烟供给问题

就在这时，毛泽东同志提

出了“自己动手，生产自给”的方针，中央军委据此号召全军大力开展自力更生的群众运动，一边战斗，一边生产，一边学习，为抗日战争的胜利做出最大的努力。

敌后战场的民兵实行劳武结合，一面战斗，一面生产

当时，部队没有可靠的经济来源，供给标准相当低。每人每天只能吃1斤粮3钱油，一个月的津贴费也只有一元，有时还领不到手。在这种情况下，张云逸决心率领第二师的全体官兵，一边与敌人进行战斗，一边在后方开荒种地办工厂，把作战和生产都热火朝天地搞起来。

为了建立军工厂，吴运铎被派来淮南了，任务是建立一个年产60万发步枪子弹的工厂。人员9人，厂房是农民家里的茅草房，别的一无所有。但工人们硬是凭着自己的一双手和顽强的战斗意志，创造出了年产60万发步枪子弹的成绩。子弹生产出来了，迫击炮弹也生产出来了，还生产出了地雷，部队在敌后抗战更有力量了。

开荒种粮

在他的领导下，二师陆续办起了被服厂、水壶铸铝厂、手榴弹厂和修械所。这对于粉碎敌人的经济封锁起了重要作用。

1942年秋，张云逸在主持全军军工生产会议上，为淮南军区二师的军工生产亲自颁发了锦旗，表彰他们的功绩，鼓励他们再接再厉，为军工生产做出新的贡献。

枪炮的肚皮解决了，人的肚皮更要解决好。张云逸一个命令下去，部队便轰轰烈烈地开展了开荒种粮、喂猪种菜等活动。在那艰苦的岁月里，张云逸职务高，年龄大，身体有多种疾病，但是他带头抬石、开荒、捡粪，样样农活都抢着干。在张云逸的带领下，当时，淮南根据地和二师不但在财政和粮食上支援了其他根据地，还生产出手榴弹、子弹、迫击炮弹、地雷，供应部队的需要。

第八章　代理新四军军长，主持全军工作

★西进津浦路,收复豫皖苏边区根据地

★南下苏浙,开辟苏浙皖边敌后新区

★导演华中军民全面反攻日伪的好戏

8年浴血奋战，终于到了张云逸时时盼望的战略大反攻，彻底打败日本侵略者的时刻,能不激动万分吗?令他兴奋不已的还有一件事：一场由他导演的华中军民全面反攻日伪军的威武雄壮的好戏已经拉开了帷幕。

1941年11月，时任新四军副军长的张云逸

西进津浦路，收复豫皖苏边区根据地

1943年底，新四军代军长陈毅奉命去延安参加整风和党的七大，张云逸代理军长，主持全军工作。次年4月，日寇集中五六万兵力进攻河南，发动豫湘桂战役，妄图打通从中国东北到越南的陆上交通线，挽救其在太平洋战场的严重失利。驻守河南的国民党40万大军闻风丧胆，夺路而逃。郑州、洛阳等38座城市相继陷落敌手。

中国共产党第七次全国代表大会会场

为了打击日军的嚣张气焰，开拓河南抗战局面，将华中、华北、陕北三大战略区联成一体，中共中央制定了进军河南敌后以控制中原的战略决策。据此，张云逸立即作出具体部署，决定以新四军第四师5个团的兵力西进河南，两个团配合地方部队坚守淮北路东根据地，并调第三师第七旅入淮北地区作为机动力量；以第二、七师钳制桂系顽军，策应四师主力西进。

9月下旬，当新四军西进部队抵达肖县、水城地区后，遭到4路国民党顽固派军队的围攻。南路由暂编第一军统一指挥的3个师、4个纵队从涡阳、蒙城向北推进，北路由第十三纵队从徐州以西越陇海铁路向南推进，东路由第三十三师，第十四纵队从津浦铁路以东向西推进，西路由苏北挺进军第一纵队从永城以西向东推进，妄图将新四军西进部队消灭于肖县、永城地区。

张云逸一面命令西进部队集中兵力，各个歼灭敌人，一面调遣部队增援。西进部队首先击溃东路来敌，歼敌900多人。随即又在夏邑县八里庄歼敌500余人，师长彭雪枫不幸牺牲，张爱萍继任四师师长。与此同时，北路之敌亦被击退。10月中旬，南路之敌主力逼近肖、永地区。新四

新四军第四师师长彭雪枫

军以一部依托阵地，顽强阻击，一连击退敌数次进攻,并迫使敌后撤,新四军部队乘势追击，相继在永城以西歼敌1个团，在涡阳附近歼敌第二十师一部，在宿县以南歼敌1个纵队。经过半个月战斗,共歼敌3600多人,收复了西线的战略要地。

在张云逸的指挥下，西进部队征战4个多月，歼灭日伪军和顽军1.3万多人,摧毁敌据点36个,从而控制了东起津浦铁路,西至商亳公路,南自涡河,北到陇海铁路的广大地区,解放人口达250万人,基本上恢复了原有的豫皖苏地区,使淮北解放区扩大了近1倍。

南下苏浙,开辟苏浙皖边敌后新区

1944年秋,中共中央根据全国形势的发展,确定了向华南、东南发展的战略方针。据此,张云逸命令新四军第一师抽调3个主力团渡江南下苏浙,与第16旅会合后。成立以粟裕为司令员,以谭震林为政委的苏浙军区,并将两支部队改编成3个纵队,以开辟苏浙皖边区。同时他还为南下部队确定了逐步发展、逐步巩固的方针和首先打开苏南、浙西局面,再打通与浙东的联系,控制整个浙江,然后相机向南发展的部署。

新四军南下开辟抗日根据地的义举,同样遭到国民党顽固派军队的围攻。1945年2月12日,当新四军苏浙军区第一纵队到达武康、德清地区,第二纵队一部进抵广德以南时,国民党第二十八军和“忠义救国军”5

正在向皖中敌后开进的新四军第四支队

个团，突然向天目山、孝丰地区的新四军第三纵队先头部队发起进攻，妄图阻止第二纵队南下，并切断第一纵队后路。

新四军决定以第三纵队全部，第一纵队主力对敌实行合击，2 月 14 日，第三纵队由北向南，第一纵队由东向西，将顽军第六十二师和“忠义救国军”各一部包围于渔溪口、西圩市地区，激战 5 天，歼敌 1700 多人，解放了孝丰城和天目山以北地区，粉碎了顽军的第一次大规模进攻。

顽军不甘失败。不久，国民党苏浙皖挺进军纠集第五十二师、第六十二师、第一九二师和“忠义救国军”第一纵队等部共计 12 个团的兵力，分左、中、右三路进攻孝丰地区，妄图夺回孝丰等地。3 月 1 日，敌逼近孝

1941年3月18日，新四军第二师在安徽天长县赵庄召开政治工作会议。图为张云逸(前排左三)、军政治部主任邓子恢（二排左二）同会议主席团成员的合影

丰,对新四军构成包围之势。

张云逸沉着指挥。以第一纵队坚守孝丰城及其周围地区,调第三纵队巧妙迂回至敌侧后击敌。敌顿时溃退。新四军一、三纵队全线追击,经过27天连续作战,歼敌1700多人,占领了东、西天目山,解放了包括10个县的广大地区,粉碎了顽军的第二次大规模进攻。

连吃败仗使国民党顽军恼羞成怒。于是又调集14个师共6．6万多人的精锐部队,分左右两个兵团,于6月上旬大举进攻天目山地区。

而此时此地新四军能够集中的兵力只有3个纵队2万余人,且武器装备远不如敌。为避强敌之锋芒,诱敌深入,寻机集中兵力,各个歼灭敌人,6月15日,新四军部队主动撤离天目山,向孝丰一带集结。

敌人视新四军的行动为惧敌溃退,遂贸然分兵向孝丰急进,企图追歼新四军于孝丰。

新四军则置3个支队于孝丰正面防守,以7个支队隐蔽集结于孝丰以西,待机歼敌。6月19日,敌左兵团进至西圩市一带,与右兵团相距20多公里。新四军抓住战机,于当晚集中6个支队对左兵团发起进攻,激战一昼夜,歼敌第五十二师主力和第三十三旅一部。敌右兵团闻讯后急速增援。新四军以一部阻击援敌、大部继续围歼左兵团,并在歼灭左兵团后迅速移师围歼右兵团。6月21日夜,新四军以3个纵队的兵力将右兵团压缩包围在孝丰东南一个峡谷中,经过两昼夜激战,歼敌大部,从而粉碎了顽军的第三次大规模进攻,歼敌6800多人。

按照张云逸的部署,新四军南下部队在天目山一带三战三捷,粉碎了顽军三次大规模进攻,共歼敌1.3万多人,彻底打破了国民党顽军妄图聚歼新四军主力、将新四军逐出江南的图谋,开辟了苏浙敌后新区,进一步巩固和发展了苏南抗日根据地,初步实现了中央向东南发展的战略意图,为日后的发展创造了有利的条件。

导演华中军民全面反攻日伪的好戏

1943年底，在中国共产党的领导下，经过八年的艰苦抗战，中国人民的抗日力量日益增长，日寇的力量日益削弱。美国人在日本广岛和长崎投放原子弹，苏联红军出兵东北，毛泽东发表《对日寇的最后一战》，朱德总司令命令解放区武装部队对日伪军发动全面进攻。8年浴血奋战，终于到了张云逸时时盼望的战略大反攻，彻底打败日本侵略者的时刻，能不激动万分吗？令他兴奋不已的还有一件事：一场由他导演的华中军民全面反攻日伪军的威武雄壮的好戏已经拉开了帷幕。

张云逸一面以新四军军部的名义命令各地日伪军立即限期向我新四军缴械投降；一面迅速地部署我新四军向敌占区城镇和交通要道全面进攻，并且准备夺取南京、上海、杭州等中心城市及宁沪、沪杭、津浦等铁路。同时，号召解放区全体军民和沦陷区同胞迅速行动起来，为迫使日伪投降，收复华中全部国土而战。

在长江以南，我苏浙军区主力和地方武装、民兵，同心协力，分路发起进攻，先后攻克了东堤、定埠、漕塘、狸头桥、梅渚等市镇，歼灭了伪军两个团；继又攻克溧阳、金坛县械，歼灭了伪军两个团和敌军一部，还乘胜解放了长兴、深水县城和戴埠、南渡、前马等50余个市镇，浙东我军在宁波近郊也连克市镇数十个，皖南我军沿铜(陵)繁(昌)向东挺进，在地下军起义的配合下，一度攻入芜湖市区。

延安總部發佈命令

限令敵僞繳械投降

如遇敵僞武裝部隊拒絕投降，解放區抗日部隊得堅決消滅之。

敵僞所佔城鎮交通要道，我軍有全權接受，進入佔領，實行軍事管理并管理行政。」

（本報特訊）延安總部頃發表命令如下：

延安總部命令：

日本已宣佈無條件投降，同盟國在波茨坦宣言基礎上將會商受降辦法，因此我特向各解放區所有武裝部隊發佈下列命令：

（一）各解放區任何抗日武裝部隊，均得依據波茨坦宣言規定，向其附近各城鎮交通要道之敵人軍隊及其指揮機關，送出通牒，限其於一定時間，向我作戰部隊繳出全部武裝，在繳械後，我軍當依優待俘虜條例，給以生命安全之保護。

（二）各解放區任何抗日武裝部隊，均得向其附近之一切僞軍僞政權送出通牒，限其於敵寇投降簽字前，率隊反正，聽候編遣，過期即須全部解除武裝。

（三）各解放區所有抗日武裝部隊，如遇敵僞武裝部隊拒絕投降繳械，即應予以堅決消滅。

（四）我軍對任何敵僞所佔城鎮交通要道，都有全權派兵接受，進入佔領，實行軍事管理，維持秩序，並委任專員負責管理該地區之一切行政事宜，如有任何破壞或反抗事件發生，均須以漢奸論罪。

總司令 朱德

限令敌伪缴械投降的命令

在长江以北，我各军区地方兵团和广大民兵，在主力兵团一部的配合下，连连开展反攻。淮北我军歼灭了伪

支队负责人,用秘密电台发报给新四军军部,汇报了这一重要情报。张云逸迅速将它转发给党中央。党中央立即回电嘉奖说:“情报很重要,望继续努力。”党中央根据这一重要情况的变化,重新计议对策。

党中央针对急剧变化的形势,后来改变了命令新四军夺取上海、南京等大城市和原来已投准华中局组织上海人民进行武装起义的援告。8月21日,党中央致电我华中局,停止上海的武装起义。

8月24日,毛泽东主席给张云逸等来电指示:“抗日战争结束,和平建设阶段开始;我党的口号是:和平、民主、团结;我党我军对大城市进行和平、民主、团结工作,争取我党的有利地位,不取军事占领对策;力争占领小城市及乡村,迅速设法占领运河沿线及串场河沿线各城市,将苏中、苏北、淮南、淮北打成一片;江南江北我军主力,各就地集结,消除疲劳,养精蓄锐,准备于顽军进攻时坚决、彻底、干净全部消灭之。一切作持久打算,依靠人民,注意收集军用资财。”

张云逸根据中央这一指示,领导华中我军坚决执行,各师按照具体情况,进一步开展了对日伪的进攻,从8月22日至9月2日,日本正式

1945年8月9日,日本天皇裕仁召开御前会议,10日,决定接受《波茨坦公告》。8月15日,日本宣布无条件投降

签字投降的10天作战中，华中我解放区军民又解放了县城15座，重要市镇200余个，歼灭日、伪军12000余人。

当我军到达日伪军长期占领的新区时，深受日寇、伪军长期黑暗统治和折磨之苦的广大人民，热烈欢迎我军，许多人含着热泪说："日夜盼你们，终于盼来了！"

为迅速建立新区秩序，根据党的政策，我军在新区立即投收日伪财产，逮捕罪大恶极的汉奸，保护各阶层人民的利益和一切私人企业，与一切赞成我党我军的爱国民主人士进行广泛的合作，迅速建立县、区的民主政府，建立人民自卫武装，颁布法令，恢复工商业，组织中小学复课。解放区社会秩序很快得到好转和稳定。

在战略反攻中，我华中军民，在张云逸同志的领导下，坚决执行了党中央、延安总部的命令，取得了重大的胜利。先后共解放县城32座，重要市镇400余个，歼灭日、伪军3万余人，占领了南京、太湖、天目山之间的广大乡村和许多县城，并把苏中、苏北，淮南、淮北解放区连成一片。华中解放区的县城上升到40座，人口达4346万，军队31.86万人，民兵80多万人。

第九章　解放战争中的张云逸

★攻克两淮,胜之用兵惟谨慎

★展示地方武装的威力

★领导浩浩荡荡的支前大军

陈毅将军这样感叹道:“淮海战役的胜利,是山东的父老乡亲用小车推出来的。”这话,同样适用于渡江战役,适用于整个解放战争的胜利。浩浩荡荡的支前大军的确功不可没。那么,率领这支大军的张云逸将军呢,我们永远要铭记他那彪炳史册的功勋。

张云逸(右一)在山东与陈毅、舒同、黎玉等同志合影

攻克两淮,胜之用兵惟谨慎

抗日战争胜利后,张云逸仍主持新四军工作。为粉碎蒋介石挑起全面内战的阴谋,他领导部队抓紧进行自卫战争的准备。

1945年8月24日,毛泽东发出电报,要求新四军副军长张云逸率领新四军“力争占领小城市及乡村,迅速设法占领运河沿线及串场河沿线各城市,将苏中、苏北、淮南、淮北连成一片”。根据中央的指示精神,张云逸决定新四军首先出击淮阴和淮安城,占领这两个苏北的战略要地。

此时,淮阴城内的日军已经撤走,汉奸潘干臣的伪军和保安团,总兵力将近万人。蒋介石的目的很明确,由潘干臣的队伍死守淮阴城,切断解放区间的联系,其正规军北上津浦路,李仙洲师从东边打过来,把新四军逼出苏北,蒋介石把这个战术叫做“分进合击,有堵有攻”。

打淮阴是一次十分艰巨的攻坚战。城墙上潘干臣修筑有坚固工事,城四周和城门上筑有炮楼,城内各主要路口筑有地堡,护城河与城墙之间有鹿砦、铁丝网,等等。此外,潘干臣大量拼凑反动区乡武装,在城外十余里修筑碉堡工事,形成坚固的城垣防御,潘干臣自诩淮阴城固若金汤。

如何攻打淮阴城,张云逸经过再三考虑,决定交给刘震。8月26日,新四军第三师第十旅在刘震的率领下,开始了攻打淮阴的准备。他决定:第一步,快速扫清外围敌人,将城包围;第二步,选好突破口,以有效手段,突破坚固设防,分割歼灭城内之敌。

8月27日上午,十旅向淮阴外围据点发动了全面进攻,敌防御工事被我军一个个突破。到31日晚,我军已全面扫除淮阴城外数十个卫星据点,淮阴成为一座孤城。

潘干臣急电淮安警卫团增援,淮安敌军马上出动,走到板闸时,进入我十旅打援部队的伏击区,一时枪声大作,增援的伪军被迅速击溃。十旅攻打淮阴第一步取得了胜利。

刘震向军部汇报了攻打淮阴城的战况。张云逸给第三师第十旅发出了贺电,并对攻打淮阴城作出具体指示:其一,选择最有利的时机和突破口,要做到突然而又迅猛;其二,攻城要有充分的准备,包括兵力、战术和器材;其三,架设越过护城河的浮桥,或设法将河水疏导出去。刘震看完电文,对张云逸如此周密的部署十分惊叹,对部下说:"胜之用兵惟谨慎,焉能不胜之!"

为确保攻占淮阴万无一失,张云逸又电令第三师另一部在津浦路狙击敌人援兵的来路,电令第四师对李仙洲的部队进行有力的牵制,以使淮阴之敌完全陷入孤军作战的绝境之中,以利我军进行全歼。

按照张云逸的部署,刘震命人对淮阴城外的地形作了勘察,随即又动员了大批支前的民工挖通了一条长达30多里的导水渠道,直达淮阴城下。

9月5日,潘干臣登上淮阴城头,翘首盼望援兵的到来。通往淮安的大道上,空空荡荡,连个人影儿也不见。哀叹之余,蓦然发现护城河的水正顺着一条新开掘的渠道,悄然流向远方,河水在不断地减少。

潘干臣赶快吩咐部下,"快去人给我堵住!"

刘震还命战士们暗中掘进一条通往城东门的地道,一口装满炸药的大棺材由8名身强力壮的小伙子抬起,放到了城墙的炮楼底下,随时准备点燃炸掉敌人的炮楼。

9月6日黎明,隐蔽在淮阴城四周的新四军火炮一齐怒吼起来,为了迷惑敌人,新四军的炮火时紧时松,时疏时密,持续了一个上午。守城伪军开始很紧张,但等了半天,仍是如此,敌人觉得新四军是例行炮击。便渐渐松懈起来了。6日下午2时,刘震下令:总攻立即开始。敌人这才发现新四军炮火的厉害。

首先冲锋的是师特务团和一支队。十几个视死如归的新四军战士掩护着一辆板车,车上装着一枚重磅大炸弹,冒着弹雨向南门冲去。这枚大炸弹，原是日本飞机投下来的，没炸，战士们想把它推到城门下，引爆它。

敌我双方的机枪都在怒吼，几个推车运炸弹的勇士相继倒下，又有几个勇士扑上去。板车终于被推到了南门下，一个身负重伤的战士点燃了引信，但炸弹未能引爆。特务团团长郑贵卿当机立断，大吼道："强攻！"战士们呐喊着冲上去，攀着云梯冲上去。

激战之中，一架架云梯被打断，一批批英勇的新四军战士倒下去。特务团七连五班长徐佳标身负重伤，他在昏迷中被爆炸声震醒，咬紧牙关挣扎着向敌人的碉堡爬去，一步一步地接近。战友们发现，他猛地一跃而起，用自己的血肉之躯堵住了敌人的枪眼，敌人的机枪顿时哑了。郑贵卿挥泪大喊："为徐佳标报仇，冲啊！"战士们杀向敌碉堡。

摧毁了敌人的碉堡，战士们抬起浑身是血的徐佳标，只见他的胸口被子弹打了十几个血窟窿。战斗结束后，徐佳标献身的所在地——淮阴南门，被命名为"佳标门"。张云逸在悼词中说道："佳标同志，你没有死，你的精神永远长存。"

南门尚在酣战之中，忽地从东门传来一声惊天动地的巨响。这是主攻东门的二、四支队引爆了那口大棺材，东北角的城墙被炸开了 7 米多宽的缺口。城上的一个敌炮楼被炸得飞上了天，一个排的守敌全部葬身

1945年9月22日，新四军解放淮安

于爆炸声中。

黄昏时分战斗结束了。新四军战士押着一群群俘虏们,集中到伪师部附近的大操场上,伪师长潘干臣被击毙。

淮阴城头飘起新四军的大旗,第十旅大获全胜。

消息传到第七旅和第八旅,官兵们士气大振直奔淮安,淮安一仗也打得十分漂亮,22日攻下了淮安城。

9月21日,新四军军部和中共中央华中局由淮南的千棵柳迁到淮阴县城,从此占据了更为重要的战略要地。

两淮战役打乱了蒋介石在华中的部署,蒋介石加紧抢占大城市。9月初,南京、上海、徐州、蚌埠等城已被国民党军队相继占领。

占据徐州的蒋军,准备北犯济南;占据蚌埠、浦口的蒋军,图谋北上,互相勾结,准备两线开花,打通津浦线南北通道。

蒋介石图谋将徐州、蚌埠、浦口连成一线,再一次分割解放区。张云逸领导新四军的三、四师主力,在9、10月间彻底破坏了津浦路徐宿段和浦滁段,连续攻克9个车站,歼灭伪军1000余人,挫败了蒋介石分割解放区然后各个击破的图谋。接着,他又率领2万余名新四军官兵包围了盐城,迫使守军投诚。随后,他又挥师进攻高邮,迫使城内的守军投降。至1945年12月底,华中解放区内残存的日、伪据点被全部扫平。

展示地方武装的威力

1946年6月底,蒋介石以大举围攻我中原解放区为起点,发动了对解放区的全面进攻,从而掀起了中国历史上空前规模的反革命内战。

山东野战军司令员陈毅,在前方指挥作战;而新四军军部和山东军区的军事工作,主要由张云逸主持。他领导山东军民配合野战部队进行了自卫战争。

张云逸对组织和建立地方武装和民兵武装极为重视，并且做了许多工作。1946 年下半年，他在一次会议上，作了《关于组织地方武装应注意的几个问题》的发言，专门阐述了建立地方武装的重要意义以及在组织建立地方武装中应注意的问题。他指出，地方武装的建设是中国革命武装斗争的重要问题，在十年内战、八年抗战中它都起了伟大的作用。尤其是在蒋介石反动派集中全力向解放区进攻，我们需要集中主力机动作战，消灭敌人的情况下，如果没有坚强的地方武装配合，要取得自卫战争的胜利是极端困难的。因为，如果没有地方武装，要保卫地方安全，要配合主力机动作战，要给主力不断补充兵员、给养，主力转移时，要就地坚持游击战争，配合主力外线作战，伺机反攻，恢复失地，都是不可能的。

在张云逸的领导下，山东地方武装在原来的基础上得到了广泛的发展，发挥了重大的作用，谱写了由野战军、地方军和广大民兵三结合进行人民战争的新篇章。

1946 年 6 月 21 日，敌五十四军由青岛沿胶济路向西进犯，开始了敌人在山东发动的大规模进攻，先占我胶济东段的即墨、南泉等地。7 月 5 日，敌人又开始从济南沿胶济线向东进犯，先后占我济阳、邹平、周村、淄博、张店、金岭镇等地，企图与由青岛向西进犯之敌打通胶济铁路。张云逸同黎玉等，根据当时的形势和敌我双方力量的对比，于 7 月 26 日，指示我各军区应与敌作长期纠缠斗争，牵制敌人。地方武装民兵开展游击战争迷惑、消耗敌人，调动敌人，寻求敌之弱点，然后集中主力，以大打小，歼灭其一部，积小胜为大胜，以期转变战局，配合野战军的南线作战。

8 月 27 日，根据敌人新的进攻动向，张云逸等又指示我胶济线上各兵团应在胶济线上各自集中主力，寻找敌人较弱的一点或数点，坚决打击消灭之，我胶东兵团应集中优势主力，有重点的打击五十四军西进部队之一路或一部，求得予以歼灭。鲁中渤海兵团及地方部队，须在胶济西段，积极向敌七十三军、第八军之侧后不断打击，以牵制其不能东犯，配合胶东兵团作战。各地方武装、民兵则在敌后及其交通联络线上，广泛发动游击战争与地雷战，有力地配合主力作战。

根据张云逸的上述指示，我军主力经过两个月在胶济西段连续阻袭和反击敌人，地方武装与民兵有力配合，广泛开展游击战、地雷战打击敌人。从7月5日到10月13日，在胶济路西段，歼灭了敌七十三军、九十六军等部的7300余人。在胶济路东段的胶县、高密等地，也给敌五十四军等部以重大杀伤，使敌人企图在半个月内打通胶济线的阴谋完全破产，保卫了解敌区，配合了我方野战部队在南线的作战。

1946年10月，敌人为了切断我山东和东北的海上联系，正在布置向我胶东北部进攻。根据这一动向，张云逸同黎玉等立即于10月21日，指示我胶东各地党、政、军、民应紧急动员起来，充分进行备战，以迎接和粉碎敌人的进攻。指示中，要求加紧主力部队的整训，总结集中主力歼敌之一路的经验，要求海防部队应增强现有各海口必要的工事；加强地方武装、游击队、武工队、民兵之组织配备，作好就地展开游击战、地雷战的准备。同时加强海上游击队的组织和训练，准备展开海面游击战活动，还要作好必要撤退的准备，秘密分散粮食、物资、工兵原料，在各主要点线上预先布置秘密的情报站、交通站等。我胶东党、政、军、民根据张云逸的指示，立即动员，从各方面做好准备，迎击进犯之敌。

华东野战军某部
胜利开进莱芜城

10月21日，敌五十四

军及整编六十四师等，开始向我胶东北部地区进攻，先后占我平度、掖县等地。由于我胶东各地党、政、军、民事先作了准备，在敌进攻时不断打击，在一个多月的战斗中，取得了歼敌15000余人的胜利，并一度恢复平度、掖县，粉碎了敌人企图占我龙口，切断我山东与东北海上联系的计划。我鲁中的第四、第九师，为配合胶东作战，于11月4日，向安丘城的守敌发起攻击，经过一昼夜的战斗，全歼该守敌3000余人。攻下了有坚固工事的安丘县城，给敌人以沉重的打击。

为了配合我野战军，从1947年1月2日至20日进行了鲁南战役。我鲁南第三军分区的地方武装和民兵，在此战役前夕，郯城县码头镇、新村一线，沿沂河东岸进行防御，保证了我北上主力侧翼的安全，维护了华中与山东境内的交通。一支支民兵爆炸队，深入到邳县、台儿庄、兰陵、峄县等边沿区，在敌人经常经过的河边、路旁，直至据点周围，大摆地雷阵，袭扰杀伤敌人，迟滞敌人的行动。鲁中沂南的高、金飞行爆炸队，从博山调往鲁南后，转战于锄头林、兰陵、洪山等地，四次用地雷阻击了20倍于自己的敌人，圆满地完成了阻击任务。在广大民兵、地方武装的积极配合下，我华东野战军在枣庄、峄县地区将敌人的整编第二十六师、五十一师及第一快速纵队，共5个整旅及其他等部约53000余人全部歼灭，活捉了敌师长马励武、周毓英，取得了鲁南战役的胜利。

1947年1月，华东人民解放军在鲁南战役中歼灭国民党军2个整编师、1个快速纵队共5万余人。图为华东野战军司令员兼政治委员陈毅(坐在坦克上中)，华东军区副司令员张云逸(前排右一)与坦克一起

1947 年 1 月下旬,新四军、山东军区、华中军区遵照中央军委命令撤销番号,合编成华东军区。陈毅任司令员,张云逸任副司令员,饶漱石任政委。山东野战军与华中野战军合并组成华东野战军,陈毅任司令员兼政治委员。华东军区的军事工作,主要仍由张云逸同志主持,继续领导地方武装配合野战军作战。在 1947 年 2 月进行的莱芜战役中,地方武装和民兵的配合也起了重要作用。1 月底,敌军分南北两线向我山东解放区进攻,南线分三路沿沂河、林河北犯临沂,北线敌人李仙洲集团,由济南、明水、淄川、博山等地南下莱芜策应,企图同我华东野战军主力在沂蒙山区决战。

我军为了集中主力,北上莱芜,消灭李仙洲集团,只在南线以一部分兵力狙击敌人。并主动撤出临沂城。在撤出临沂之前,张云逸作了疏散转移的准备,使驻临沂的军区和山东省政府机关、临沂城镇居民共 2 万多人在撤出时,9/10 安全疏散,将城墙工事及机场彻底破坏。2 月 15 日撤出的当天,张云逸发表谈话说:“蒋介石自去年 9 月以来,以被我歼灭 10 个旅的代价,才得到一座临沂空城,敌占临沂后,还要付出更多的代价,蒋军必然被歼,临沂一定收复。”

为了配合主力作战,各地的地方武装,在围绕我主力大量歼敌的战役意图下,均以积极的行动向胶济线展开破袭战。一夜之间,将坊子至蓝

图为行军途中

村200里的铁路完全破坏。莱芜县委组织了10万余民兵，对铁路连续七夜进行大破袭，完全切断了敌人的交通，使敌人进退无路，联络中断，成了瓮中之鳖。为主力部队分割歼敌创造了条件。战斗打响后，各地组织的120个子弟兵团，村村布雷，节节阻击，日夜袭敌，积极配合主力作战。鲁中警卫五团，在配合歼击敌七十三军之三十七师战斗中，将该师师长击毙，俘敌109人，缴获轻重机枪60余支。为了表彰在莱芜战役中，各地方武装配合主力作战取得的重大胜利，张云逸特地于2月23日通报嘉奖，鼓励他们继续努力扩大战果，以达到整个战役的全部胜利。

这次莱芜战役，我军主力在地方武装的配合下，于2月19日至23日，将敌李仙洲集团所属的第四十六军、七十三军全部、第十二军所属的一个师共7个整旅，加上一个交通警察总队6万余人，一举歼灭。生俘敌“第二绥靖区副司令”李仙洲以下49000人。创造了人民解放军一次歼敌7个整旅的光辉胜利。

1947年4月，蒋介石开始对山东解放区发动重点进攻。我军主力在运动作战中主动放弃了一些地方，以避敌锋芒。张云逸仍然负责组织、指挥地方武装，就地坚持斗争，保卫地方避免了损失，又配合主力作战，赢得了胜利。张云逸在解放战争时期，组织民兵、地方武装，配合主力作战，作出了很大的贡献。

领导浩浩荡荡的支前大军

在中原大地发动战略大反攻的刘邓、陈粟、陈谢三路大军，在1947年12月底胜利会师于河南确山地区。从此将鄂豫皖、豫皖苏、豫陕鄂三块新解放区连成了一片。与此同时，内线各战场的解放军也相继转入大反攻。

当时的作战条件仍然十分艰苦。张云逸将军多次深情地说过，如果没有老百姓的大力支援，我们就打不赢解放战争了。

从1948年9月起，人民解放军经过雨季休整之后，相继在东北、西北、华北、中原、华东战场上，发动了大规模的秋季攻势。辽沈、淮海、平津三大战役就这样爆发了。

秋季攻势的一个重要战役就是夺取济南。济南战役打响之前,摆在张云逸面前的最艰苦的任务,就是如何解决前线将士的吃饭穿衣问题。秋风萧瑟,天已转冷,可是大批的解放军官兵还都穿着单衣,有些人还穿着草鞋,一天只吃一块红薯跑100里路。太苦了!

张云逸视察行将攻打济南的部队时,看到指战员们一个个面有菜色,衣衫褴褛,他难过得落泪,他下决心在10月以前基本上解决前线官兵们的衣食问题。在战事纷繁的日子里,人们经常看见这位年逾半百、身为华东军区副司令的将军,带一支人马驰骋在解放区的乡镇之间,总是那么忙忙碌碌的。

有一次,他到胶东的一个村子去视察,看到家家户户的婶子大娘、姑娘媳妇都在为子弟兵赶制冬装和鞋子,由于许多天一直夜以继日地苦

人民解放军的粮秣等物资供给主要依靠解放区人民的支援。各战区在地方政府各级支前委员会的统一领导下,组织支前大军,设立固定的兵站补给网。部队打到哪里,支前大军就跟到哪里,前运物资后送伤员,保障了战争的胜利

干，她们的眼睛都熬红了，手也磨破了。一个年已古稀的大娘，眼睛已经瞎了，却还是双手摸索着一针一线地纳鞋底。张云逸坐在大娘身边，跟她推心置腹地“拉呱”了好长时间。这位大娘告诉他：她有三个儿子，两个参加了华东野战军，都牺牲了，剩下的一个儿子做民工，也在为前线运送粮食的路上负了重伤。

临走时，大娘颤颤巍巍地摸索着要出门送他，那双瘦骨嶙峋的磨出了老茧的手伸出来，仿佛要拥抱他似的。他情不自禁一把握住老人的双手，泪水盈满了双眼。他心里一阵发烫，嘴唇哆嗦着。他说：“大娘啊大娘，我代表华东野战军感谢你，我们不会忘记你老人家！”

这时，他旁边的随行人员说：“大娘，你知道跟你拉呱的人是谁吗？他就是咱们的张副司令啊。”这位双目失明的老大娘听了，一下子怔住，片刻之后，她吃惊回一声：“这是真的？”随即紧握他的双手，哭得浑身颤抖。

支前民工运输队随部队开赴前线

张云逸又说：“大娘啊……”就哽咽住了。

就这样，他和随行人员走进另一家，又看见一位大娘将自己的棉袄拆开，掏出棉絮正往还没缝好的军衣里塞，这情形真让他们感动得不知说啥好。旁边的一个姑娘在做一双军鞋，那鞋面上已经绣好了“杀敌立功”几个大字。张云逸拿起那只鞋，深情地说：“在江西老区，乡亲们把它称作量天尺，我们就是要用这样的尺子，一步一步地量完中国大地啊。”

9月16日，济南战役全线打响。

为了保住这块连接津浦、胶济两条铁路的战略要地，隔断华北、华东解放区的联系，蒋介石以10万余人的重兵固守济南，其徐州之援兵还有17万人。华东野战军以14万人攻城，另以18万人狙击敌人的援兵。

战斗进行得异常激烈……

济南即将被攻陷的时候,徐州援兵却迟迟不能赶来。原来,指挥这支援兵的刘峙生怕被解放军"吃掉",哪里还敢来救援呢。

激战 8 天之后,济南之战胜利结束了。被活捉的守敌指挥官王耀武,望着从四面八方拥进城的战士、民兵和民工,愣怔怔地半天说不出话。直到见了陈毅和张云逸,他还很不服气地说:"王某此次战败,因为你们的人太多。"

"啥子太多?"陈毅问道。

王耀武用手指着那些推小车的、抬担架的、牵骡马的、扛着土枪跟在野战军队伍后面的……

支前民工把粮食运往前方

张云逸不禁开怀大笑:"你说的是这些老百姓吧?哈哈,这就是我们的援兵,源源不断的援兵啊。"

9 月 12 日,东北野战军发动了辽沈战役。此后捷报连连,让早已憋足了劲的华东军民有些沉不住气。就这样盼到 11 月 6 日,淮海战役打响了。

淮海战役,以徐州为中心,东起海州,西至商丘,北起临城(今薛城)、南至淮河。在如此广大的地区,敌方投入的兵力将近 80 万人,而我方投入的兵力大约 60 万人,就这样展开了惊心动魄的大战。我们可以想象,

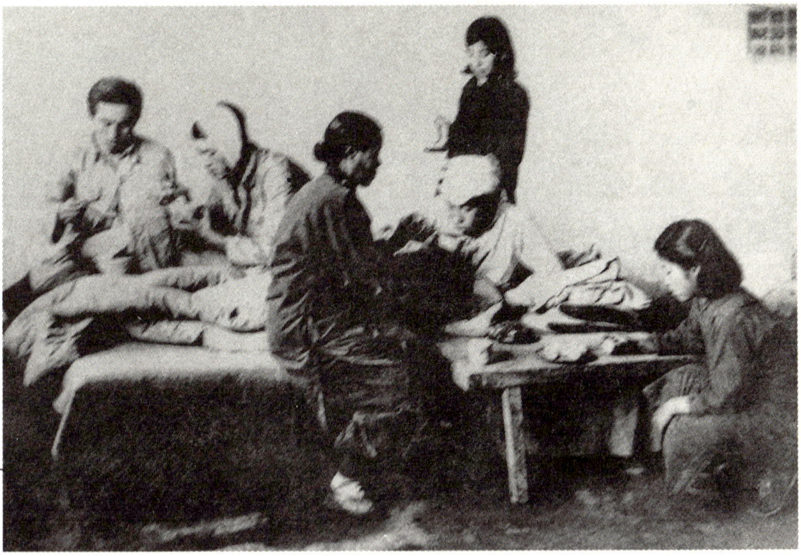

解放军设在群众家中的伤员看护所

张云逸领导的支前大军该是多么繁忙。

时值初冬。张云逸披星戴月、顶风冒雪地奔波在千里运输线上，率领着数十万民工昼夜兼程，为华东、中原野战军和地方部队运送着粮食、弹药、冬衣，上火线抬伤员或是直接参战。遇到紧要之时，往往是人不歇肩，马不停蹄。

回忆起这些如火如荼的日子，张云逸曾这样感叹道："山东老乡有句俗话，叫做'腿肚子绑灶王，走到哪吃到哪'，不论是官还是民，一块粮一壶水，风雨里吃喝大路边睡，可真是风餐露宿啊！"

艰苦的生活，长期的劳累，残酷的斗争，终于把铁骨铮铮的硬汉子折磨垮了。跟随张云逸的战士和民工们，心疼地瞧着他抱病于鞍马之上，瞧着他夜以继日地操劳着。可怎么劝他休息呢？他又怎么能休息？

的确，他已经到了废寝忘食、拼命工作的地步。

从11月6日至22日，是淮海战役第一阶段。华东野战军以7个纵队分割，围歼黄百韬兵团，双方厮杀得天昏地暗、日月无光。这时候，哪一方不急需大量的粮食和弹药？敌方的运输队来了，一辆又一辆的大卡车风驰电掣，可是它们跑不到运河西岸，就在半路上被伏击的部队和民兵收拾了。我方的运输队来了，牵着牲口的，推着小车的，肩挑背驮的，就在敌机的轰炸下义无反顾地赶到运河边。严寒之中，河水早已结冰，却又经不起重压。民工们就跳入河里,在刺骨的冰水中连夜架起浮桥,让自己的运输队火速赶到运河西岸去。

为了前线的胜利,张云逸和他的支前大军已经将个人的生死置之度外了。据说,仅泗水县的一支运输队,住6天之内就运送了9万斤粮食。途中,在敌机的狂轰滥炸中,死伤民工人数上千。巨野县的运输队在途中遇上大雪,实在无法行车了,附近村寨的老百姓都赶来了,男男女女、老老少少推的推拉的拉,喊着号子往前线奔。后来,雪下得更大,推不动也拉不动的时候,上万名老乡就用肩扛,用担子挑,用毛驴驮。

这天,张云逸碰巧骑马赶到运河边,他发现一支来自鲁南的运输队正在小憩,民工们一个个衣衫褴褛,瘦骨嶙峋,疲惫不堪,他们啃高粱饼子,嚼红辣椒,喝混浊的河水。有几个人倚着独轮车坐在地上,完全是有气无力的样子。张云逸问:"是累的饿的吧?"那几个小伙子便憨憨地笑,又憨憨地点点头。张云逸说:"车子上有粮食呀,你们拿一点煮了吃吧。"小伙子们相互看看,又笑着摇头,都说不能吃,这粮食是打仗用的。

朴朴实实的几句话,是那么的感人肺腑。小憩之后,张云逸牵着坐骑,马背也驮上一口袋粮食,开始带领这支运输队过河。远远的,有"黑老鸹"的影子袭来。于是,他振臂一呼:"乡亲们快过河!"

这些饥肠辘辘的民工们,也不知从哪里来的劲头,竟然推着车子奔跑起来。

这,便是张云逸率领的几十万支前大军的一个缩影。

淮海战役中华东人民用马车把弹药运往前方

是年11月29日，张家口外围枪炮声大作，这是三大战役中的最后一场决战——平津战役打响了。解放战争的最后胜利也为期不远了。张云逸被辉煌的战绩和光明的前景鼓舞着，继续拖着疲惫而病弱的身体勤奋地工作着。

这时候，身为华东军区副司令员的他，又兼任了山东军区司令员，工作的繁重可想而知。然而，再苦再累再难再险，他也要一如既往地坚持下来，怪不得陈毅这样感叹道："胜之啊，你啥时才能好好养一养病呢？"

的确，这病也真该治一治，养一养了。他自己也真是这么想过，可是哪儿能有这样的清福呢？

几十万支前大军，就这样在张云逸的率领下，克服了许多令人难以想象的艰难险阻，迎来了1949年1月10日淮海战役的最后大捷。

在山东五莲县，张云逸主持召开一次十分重要的支前工作会议，他总结了解放战争以来这方面工作的经验和教训，表彰了那些屡立功勋的民兵、民工组织和个人。说到动情处，这位年逾半百的将军竟然站起身，向来自山东各地的支前代表们敬礼，十分恳切地说："请各位回去后，代我向父老乡亲们道一声谢吧。就说，我张云逸感谢父老乡亲们这些年来的大力协助和奉献啊！"

说到这里，整个会场响起一片激动的掌声。

接着，张云逸又提出一个更加鼓舞人心的目标，大意是：同志们，历时142天的辽沈、淮海、平津三大战役已经胜利结束，中国人民解放军下一步的战斗任务是什么？是打过长江去解放全中国。面对如此喜人的形势，我们能不振奋斗志、再接再厉吗？为了更好地完成支援前线的艰巨任务，我们必须筹集5万万斤粮食，征集10万名新兵、10万民兵，还有各种相应的运输工具。总之，一切为了前线的胜利，一切保障前线的胜利！

春天来了。这是1949年3月5日，中国共产党七届二中全会，在河北平山县西柏坡隆重召开了。会后，张云逸满怀胜利的信心匆匆赶回山东，向华东军区的广大军民传达这次全会的精神。到了4月20日，解放军发起具有重大历史意义的渡江战役。当夜,国民党军队在安庆、芜湖之间的防线首先被突破。次日,解放军东、西两路集团军分别在镇江、江阴之间和贵池、湖口之间展开多点突破。500余公里的火线,急需多少粮食和弹药啊!特别是远离前线的山东解放区,谁能说得清那几十万支前大军走了多远的路程,经历了多大的艰难困苦,又付出了多少人的鲜血和生命啊!

据统计,山东、苏北、皖北三个地区的支前大军,在渡江战役中出动300万人。然而,这个统计并不精确。这三个地区有多少乡乡镇镇、村村寨寨,有多少民兵、民工和父老乡亲,哪一个没为解放战争出过力、流过汗呢?

后来,陈毅将军这样感叹道:“淮海战役的胜利,是山东的父老乡亲用小车推出来的。”这话,同样适用于渡江战役,适用于整个解放战争的胜利。浩浩荡荡的支前大军的确功不可没。那么,率领这支大军的张云逸将军呢,我们永远要铭记他那彪炳史册的功勋。

淮海战役中踊跃支前的民工小车队

第十章　征鞍不解，青史留名

★剿灭残匪，恢复生产，建设广西

★鞠躬尽瘁，死而后已

张云逸的晚年虽然体弱多病，但他始终保持着一个共产主义者的革命精神和高尚品质，勤勤恳恳地为人民服务，直到生命的最后一息。

随着人民解放军向华南的大进军，广西即将解放。中央决定以张云逸为首组建广西的领导班子。图为新中国成立初期的张云逸

剿灭残匪,恢复生产,建设广西

人民解放战争,以前所未有的规模和速度向前发展。到 1948 年底,蒋介石用以发动反革命内战的主力基本上被消灭。人民解放军在质量上和数量上都已占了优势,中国革命的胜利已经为期不远了。1949 年 4 月,我百万雄师横渡长江,向一切尚未解放的地区发动了空前规模的大进军。人民解放军所到之处,敌人望风披靡,人民欢声雷动,蒋家王朝迅速土崩瓦解。

1949年9月,中国人民政治协商会议第一届全体会议在北平召开。张云逸(前左)作为华南解放军的代表参加会议并在开幕会上讲话

随着人民解放军向华南的大进广西即将解放。为了做好迎接广西解放的各项准备工作,中共中央于 9 月 22 日,就广西党政主要负责同志的人选和着手筹建广西党政军领导机构问题,给华中局、华南局发出指示。中央决定以张云逸为首组建广西的领导班子。

9 月 21 日至 30 日,中国人民政治协商会议第一届全体会议在北京召开。张云逸以华南解放军首席代表的身份参加了会议并在开幕会上讲话。这次会议制定了中国人民政治协商会议《共同纲领》,选举了中央人民政府委员会,张云逸当选为中央人民政府委员会委员。后又被任命为人民革命军事委员会委员。10月1日，张云逸参加了中华人民共和国开国大典。随后，他根据中央指示，加紧进行筹建广西的领导机构和迎接广西解放的各项准备工作。

1950年11月在广西各界人民代表大会上作总结报告

在彻底摧毁旧的国家机器之后，要管理好建设好人民的新广西，必须有一大批德才兼备的干部。因此，干部问题是当时亟待解决的一个突出问题。由于革命形势的迅猛发展，新解放的省份很多，各个省都需要大批的领导干部，为了解决广西的干部问题，张云逸根据中央的指示，一方面向华东局、华南局求援，调一批干部到广西去；另一方面自力更生，从广西的地下党和游击队中选拔干部，参加全国政治协商会议和开国大典后，他即到上海、武汉、南昌、广州等地，争取了一批原红七军干部、广西籍和兄弟省的干部到广西去。

衡宝战役结束后，在我军即将向广西进军的时刻，张云逸遥望南疆，心潮澎湃。回顾20多年他和邓小平等一起在白色恐怖笼罩全国的情况下，以大无畏的精神，领导了百色起义，创建了红七军和右江根据地，点燃了广西革命武装斗争的星星之火。如今，20年过去，神州大地发生了翻天覆地的变化。在中国共产党的领导下，中国革命取得了伟大胜利，广西即将获得解放，受苦受难的广西各族劳动人民将要成为新中国的主人。当年红七军奉命北上时，他曾经对右江的乡亲们说："我们一定会胜利回来的！"现在这个20多年前的心愿，马上就要实现了，想到这里怎么不叫他万分喜悦和激动呢？人民解放军第四野战军6个军和第二野战军3个军，按照中央军委的统一部署，于11月6日发起了广西战役。我入桂部队以秋风扫落叶之势，全部、干净、彻底地消灭一切敢于顽抗之敌。

11月27日至12月2日，桂系白崇禧部主力被歼于博白、陆川地区。11月22日桂林解放，12月4日南宁解放，12月12日五星红旗插上了镇南关(现为友谊关)，广西全境获得解放。从此，揭开了广西历史的新篇章。广西城乡一片欢腾，各族人民载歌载舞欢庆自己的翻身解放。

12月初，张云逸带领一批干部从广州进入广西的梧州，随后不久到达南宁。

刚刚解放的广西，满目疮痍，土匪猖獗，社会混乱，百业凋敝，人民面临着巨大的困难。为了有效地打击敌人的破坏和捣乱，巩固人民革命的胜利成果，恢复和发展生产，使人民得以安居乐业、休养生息，张云逸同进入广西的其他党政军负责人一起，依靠广西各族人民，根据党中央的指示，采取了一系列正确、有力的措施，使广西的局面迅速发生了变化。

在人民解放军摧毁了桂系军阀的反动统治机构之后，以张云逸为首的中共广西省委，即在桂林、柳州、梧州、南宁等城市建立了军事管制委员会。1949年底至1950年2月，广西党、政、军领导机构正式建立。张云逸任中共广西省委书记、省人民政府主席、广西军区司令员兼政治委员、广西省政协主席等职。在张云逸的领导下，各市、县、区、乡的人民政府，也都在同一时间内陆续建立。在人民政府的领导下。广大群众开展清匪反霸斗争。没收官僚资本，建立社会主义国营经济的基础，打击不法资本家的投机倒把活动，恢复和发展了生产。广西的社会秩序很快趋于稳定。

张云逸在广西首届各界代表大会上讲话

张云逸在主持广西工作时，继承和发扬了党的密切联系群众的优良传统和作风。

进入广西前，他一再对有关年轻干部强调：我们到广西来的干部和部队，一定要同广西的各族人民团结好，同广西的地下党、游击队、各民主党派、民主人士和各阶层的群众团结好。到广西后不久，他亲自召开工人、农民和少数民族代表的座谈会，听取他们的意见。他亲自同民主人士李任仁、陈此生等会见，召开各界代表座谈会，同他们一道研究有关广西革命和建设的重要问题。

为了充分发扬民主，广泛听取各阶层人民的意见，做好工作，在张云逸的领导下，1950年，广西先后召开了省、市、县的各界人民代表会议，通过各级各界人民代表会议的召开，调动了广西各族人民当家做主的积极性，密切人民政府同群众的联系，增强了民族团结，巩固了人民民主专政。

正当广西各族人民欢庆自己的解放，满怀信心地为美好的未来而斗争的时候，不甘心失败的国民党土匪武装，向人民杀过来了。当时，广西匪情极其严重，除了有大量的地主土匪武装外，还有桂系头目白崇禧在广西解放前夕部署留下

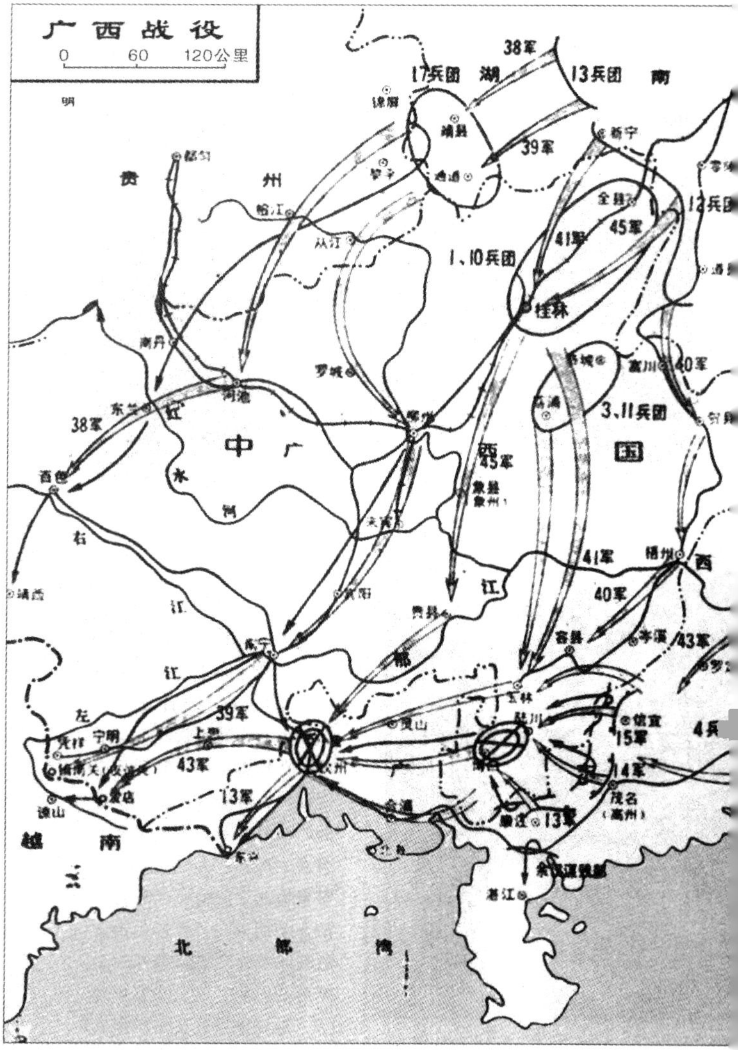

广西战役作战要图

的3万名正规军。这些反革命武装同台湾、香港和美蒋反动派保持着密切的联系，他们盘踞着山区和偏僻的农村，继续进行反革命破坏活动。1950年初，土匪在恭城暴乱，杀害我干部、群众350余人。土匪在玉林暴乱，杀害我干部、群众达500多人。

面对猖狂的匪乱，张云逸义愤填膺。他主持召开省委和省军区会议，根据党中央的指示，确定1950年以“清剿匪特，巩固治安，发动群众，作为全省部队压倒一切的中心任务”。人民解放军驻广西部队，积极投入剿匪斗争，经过几个月的全力清剿和开展政治攻势，剿匪斗争取得了初步的成效。到1950年6月，基本上将土匪暴乱镇压下去。

朝鲜战争爆发后，广西的土匪又猖狂起来，他们发动暴乱，杀害人民，破坏交通，抢劫物资，焚烧房屋，妄图同美帝国主义和蒋介石里应外合，颠覆新生的人民政权。根据严重的局势，张云逸召开干部紧急会议，研究敌情，制订计划，调兵遣将，决心给匪徒以沉重的打击。

在剿匪的日日夜夜，张云逸居住的南宁市桃源路5号气氛十分紧张。每天，各地来的电报一封接一封，电话铃声不绝于耳，广西党政军领导同志陈漫远、莫文骅、李天佑等进出频繁，日夜开会。在张云逸办公室的墙上，挂着一幅特大军用地图，上面有他标出的圈圈点点和箭头。他时而看地图，时而沉思，经常工作至深夜。

经过广西驻军近一年的战斗，剿匪工作取得了很大胜利，到1950年11月，全省共消灭土匪11万余人，但剿匪任务仍然十分艰巨，全省尚有土匪5万余人。

党中央和毛泽东对广西的剿匪工作十分关注。1950年11月发出指示，要求在1951年5月1日以前彻底肃清广西全省股匪。

张云逸坚决贯彻党中央、毛泽东的指示，召开了省委第三次高级干部会议，他在会上作了《为坚决贯彻毛主席的指示，在半年内肃清全省股匪的任务而斗争》的报告。报告总结了剿匪工作的成绩和经验教训，分析了全省股匪还没有消灭的原因，对执行剿匪政策中出现的一些偏差，代表省委进行了自我批评，对肃清全省股匪的任务进行了部署。

会后，全省军民群策群力，为消灭全省股匪而斗争。人民解放军集中优势兵力,选择土匪盘踞的主要区域,组织了强有力的进剿,很快取得了成效。到 1951 年 5 月 1 日以前,胜利完成了消灭广西全省股匪的任务。

从 1949 年底到 1952 年,张云逸是广西的党、政、军的主要领导人。在主持广西工作期间,他同其他负责同志一起,坚决贯彻党中央的路线、方针和政策,团结广大干部和各族人民群众,团结各民主党派和民主人士,共同努力,取得了国民经济恢复时期各方面工作的重大胜利,使广西的面貌在短短的两三年内发生了巨大的变化。

鞠躬尽瘁,死而后已

长期的艰苦战斗生活和紧张的工作,使张云逸身体衰弱,最后积劳成疾。1952 年他的身体状况日趋恶化。

党中央和毛泽东对张云逸的健康十分关心,毛泽东给张云逸写了亲笔信要他抓紧治病和安心休养。1952 年下半年,张云逸先后到广州、上海、杭州等地治病和疗养。张云逸在上海治病期间,刘少奇专程前来看望。他在杭州疗养期间,陈毅、郭沫若、江渭清等先后到住地探视。这年的 10 月中旬,根据中央的指示,张云逸在夫人韩碧的陪同下,前往苏联治疗。1953 年春天,病情稍有好转,张云逸即启程返回祖国。回国后,他根据党的安排,留在中

张云逸与夫人韩碧在苏联疗养

央工作。

1955年5月，中华人民共和国国务院，根据张云逸在长期的革命斗争中为人民建树的功勋，授予他中国人民解放军大将军衔，一级“八一勋章”、一级“独立自由勋章”、“一级解放勋章”。在党的第七、八、九、十次全国代表大会上，张云逸均当选为中央委员会委员，在第一、二、三届全国人民代表大会上，被选为全国人民代表大会常务委员会委员。1962年10月后，他任中共中央监察委员会副书记。

张云逸的晚年虽然体弱多病，但他始终保持着一个共产主义者的革命精神和高尚品质，勤勤恳恳地为人民服务，直到生命的最后一息。

他对党、对人民忠心耿耿，把党的事业和人民的利益放在第一位。张云逸对共产主义理想坚信不疑，对党中央的指示坚决贯彻。在战争年代，为了革命的胜利，他赴汤蹈火在所不辞。在和平建设时期，他为了人民的利益废寝忘食，不辞劳苦。60年代初期，他已是年逾古稀的老人，身体又不好，但他仍然认真负责地去履行自己作为人大常委会委员和中央监委副书记的职责。每年他都要到基层去视察工作，调查了解社会的实际情况，写出调查报告，供中央有关部门参考。在视察中，他时时想到人民的利益，及时向有关单位提出工作建议。一次，他到柳州市郊一个农场视察，看到这个农场从国外引进一批优良的种牛。他就以商量的口气，向农场的负责同志说：“你们引进这批种牛很好。如果你们也能为周围的农民培养一些优良品种，为他

张云逸在上海治病期间，刘少奇专程前来看望。因为张云逸(右)与刘少奇合影

们办一点好事,就更好了。这样他们的生产就会发展得更快,你们国营农场也就能更好地发挥自己的作用。”农场负责人听后,连连点头称是。

他关心人民群众的疾苦,注意倾听群众的呼声。张云逸在广西当省主席期间,来访来信的人很多,他对人民群众的来访、来信十分重视。有的来访者他亲自接待,有的来信他亲自答复。一部分的来访、来信的处理,则由工作人员负责。他交代有关工作人员,对人民来信的答复要及时,语气要谦虚、诚恳,对每个来访人的姓名、所谈的问题要认真记下来,然后要研究如何解决这些问题。对某些来访者反映的情况,他听取汇报后,又亲自再接待一次。由于这样,当时许多人反映的问题,都得到比较妥善的解决。1957 年他在北京,全国人大常委会给他转来一封信。写信人是一位解放军战士,内容是揭发他家乡山东文登县一个村的干部,对他父亲进行打击报复的情况。写信人要求人大常委会调查处理。张云逸对这封信反映的问题很重视。不久,他到山东视察工作并解决这一问题。他让秘书先到文登县这个村庄去了解情况。接者,他又亲自到该村去,召开群众座谈会,多方了解情况。在弄清事实真相后,他就把这村的干部找

张云逸十分关心干部、战士和身边工作人员的学习、工作和生活。图为张云逸(左一)参观连队荣誉室

来，教育他们要与贫下中农团结一致，有矛盾应该采取正确的办法来解决，不能采取打击报复的错误做法。在提高认识的基础上，犯了打击报复错误的有关干部，主动向被打击的人赔礼道歉。经过多方工作，使问题得圆满地解决。回到县里后，他又找到县委书记和县长，向他们说明问题解决的情况，希望他们今后注意加强对农村基层干部的教育，改进思想和工作作风。

张云逸平易近人，待人热情诚恳。他是身经百战、功勋卓著的党的高级干部，但在他身上却丝毫没有领导干部的架子。相反地，他总是以一个普通的共产党员、人民的公仆的面貌出现。他同身边的工作人员，一直保持着平等的同志关系。他对秘书、参谋、警卫人员及勤务员，从不直呼其名，总是称某某同志。

他对待其他群众也都同样的热情诚恳，也不允许工作人员以粗暴的态度对待人民群众。1968 年的一天，有一个农民突然推开他家的大门，走了进来。警卫员看到后很着急，以生硬的态度把那位农民推了出去。当时，张云逸正在院子里散步，他马上严肃地批评了警卫员。他说："你们不要忘记你们也是从农村来的。他走错了，你们应该热情帮助，不能训斥别人。"又说："不要看我是个领导干部，我也是从农村来的。我们干革命为了什么？还不是为了人民。"从此以后，在他身边的工作人员，对于来访的人，都做到热情地接待。

他十分关心干部、战士和身边工作人员的学习、工作和生活，要求他们努力学习，接好革命的班。张云逸从国家的长远利益出发，对工作人员的学习抓得很紧。他反复地教育他们一定要努力学习文化科学知识和政治理论，以适应革命和建设事业发展的需要。当他看到工作人员在学习，只要不是急事，他宁可不办，也不去找他们。警卫人员中有不少没有上过学，他们对学习开始有些畏难情绪。有的在背后说："我们当警卫员的，枪打得准就行了，识字干吗？"张云逸耐心地劝导他们说："解放了，我们要管好国家，没有文化怎么行？"他用自己的钱给大家买书、买文具，帮助大家解决学习中的困难。他对他们的学习情况经常进行检查，要他们每周交一次作业，他亲自看。对做得好的，他写上，"很好，有进步"的评语，对写错的字,加以纠正。经过一段时间学习,大家的学习都有了长进,学习的积极性也大大提高了。勤务员卢秀玲同志,是个来自农村的女青年,刚到张云逸身边工作时还不到20岁,是个文盲。张云逸送她到北京业余学校学习。几年之后,她成为初中毕业生,思想上也有了很大进步,光荣地参加了共产党。

张云逸不仅在思想上、学习上关心工作人员,在生活上也给予他们无微不至的照顾。他知道谁有了困难,总是主动去帮助解决。王秘书家庭经济有困难,衣服破了,张云逸就买了一套呢子衣服送给他。张秘书得了肝炎病,他就给他送营养品,解除他的思想顾虑,让他安心治疗。警卫员小孙,因为他家乡那里发生了海啸,家里房屋倒塌了,他就送给他200元,要他回家去把房子修好。每年过节,张云逸总是把工作人员一起请来吃团圆饭。大家在这里生活就好像在自己的家里一样。

他艰苦朴素,廉洁奉公,不谋私利。张云逸对同志们关怀备至,慷慨解囊,而他自己的生活却是非常俭朴的。他对以权谋私、腐化堕落的丑恶行径深恶痛绝。他的饭食常常只是一些馒头、素菜。一位新来的警卫员看到后,惊奇地说:“首长吃的怎么这样简单呀!”他的衣服都是穿了多年缝补过多次的旧服装,只是在外出办事时,才穿上比较好一点的衣服。他使用的一个公文包,是抗战时期的战利品,已经很陈旧了,秘书建议换一个新的,他坚持不换。他在南池子的住房,据说是清代一位太监住过,已经破旧不堪,秘书提出要向上级反映换一换房子,也遭到他的拒绝。窗子坏了,窗帘破了,沙发烂了,秘书建议换一换、修一修。张云逸也不同意。他说:“现在我们的生活比农民好多了,还要什么再好的呀,窗帘、沙发布我们自己洗一洗,缝缝补补就行了,买新的国家要花很多钱。”直到1972年,军委管理处的同志看到房子非常危险,再不修理不行了,这样才修理了房子。

他经常教育自己的亲属和身边的工作人员要发扬我们党的艰苦奋斗的光荣传统,他对他们说:“你们出去就穿好一点、整齐一点,在家干活穿破旧一点的衣服。不要在家也穿得好好的。我们不要在吃穿上太讲究，要多讲究一点学习和工作。我们国家很大，人人注意节约，就可以减少国家的负担。我们要会勤俭持家、计划开支。”

1965年卢秀玲同志改做炊事员工作，张云逸鼓励她克服工作中的困难，不要灰心。他说，搞炊事工作要会计划用钱，计划用粮，不要浪费。他专门给卢秀玲写了两句话：“有时需作无时想，莫到无时思有时。”让她记住要树立勤俭节约的好思想。在张云逸的教育下，他的亲属和工作人员都注意养成艰苦朴素的好作风。他经常教育自己的亲属，不要有特权思想，不要搞特殊化。他对孙子们说：“你们在外面不要说爷爷是谁，是做什么官的。千万不能仗势压人。你们要好好学习，要靠自己去努力奋斗。”他的第二个孙子小强，中学毕业时被分配到军垦农场去。他坚决支持，说：“我们家里有个农民，很好。”后来小强想去参军，要求他帮忙。他给孙子回信说：“你就是兵，是不穿军装的兵。”没有利用自己的身份，给孙子的参军提供什么方便。他对秘书和司机说：他用的汽车，是党中央为了照顾他工作而分配给他的，是办公用的，所有自己的家属都不能私用。他们全家老小都自觉地遵守这个规定。他的夫人韩碧有事外出，也都坐公共汽车。

张云逸忠于党、忠于人民，严于律己，宽以待人，艰苦奋斗，廉洁奉公，关心群众，爱护同志，生命不息，奋斗不止的革命精神和高尚品质，永远值得我们学习。

1974年11月19日，中国共产党的优秀党员，忠诚的共产主义战士，无产阶级革命家和军事家张云逸，不幸因病在北京逝世。消息传来，全国军民无限悲痛。11月26日，党中央在八宝山革命公墓礼堂，召开了张云逸追悼会。邓小平代表党中央致悼词，对张云逸的一生作了高度的评价。悼词说，张云逸同志是中国共产党的优秀党员。

几十年来，他在毛主席，党中央的领导下，在长期革命战争中，在社会主义革命和社会主义建设中，忠于党，忠于人民，努力学习马克思列宁主义，毛泽东思想，坚决执行党的路线，积极工作，艰苦朴素，密切联系群众，勤勤恳恳地为人民服务，为革命事业贡献了一生。

张云逸同志永垂不朽！

主要参考书目

1．于波：《大将张云逸》，解放军文艺出版社 1999 年版。

2．顾卫东等：《世纪风云中的共和国大将——张云逸》，作家出版社 1997 年版。

3．肖哲仁：《共和国军事家军事生涯剪影》，蓝天出版社 1998 年版。

4．罗永平等：《张云逸大将》，海燕出版社 1987 年版。

5．李勇等：《张云逸大将和罗瑞卿大将的故事》，中共党史出版社 2004 年版。

6．王晓建主编：《开国大将》，中国社会出版社 1995 年版。

7．吴东峰：《开国将军的轶事》，解放军文艺出版社 2007 年版。

8．李庆山主编：《开国大将张云逸》，中国党史出版社 2005 年版。

9．王晓明：《中国十大将》，长征出版社 2003 年版。

10．马舜编：《军旗下的辉煌》，中国文史出版社 2005 年版。

11．石仲泉等主编：《开国大将的故事》，中共党史出版社 1998 年版。

12．许农合主编：《开国大将的晚年岁月》，北京出版社 2001 年版。